■ 新编高等院校财经类“十三五”创新系列精品规划教材

XINBIAN GAODENG YUANXIAO CAIJINGLEI “SHISANWU” CHUANGXIN XILIE JINGPIN GUIHUA JIAOCAI

企业会计手工实习教程

主　编　黄德忠　周群华
副主编　邬　丹　于海燕
参　编　宋　平　席文燕
　　　　张　俭　熊　玲

中国商业出版社

图书在版编目（CIP）数据

企业会计手工实习教程／黄德忠，周群华主编．—北京：中国商业出版社，2016．9

ISBN 978－7－5044－9065－0

Ⅰ．①企… Ⅱ．①黄… ②周… Ⅲ．①企业管理－会计－教材 Ⅳ．①F275．2

中国版本图书馆 CIP 数据核字（2015）第 169991 号

责任编辑：蔡凯

中国商业出版社出版发行

010－63180647　www．c－cbook．com

（100053　北京广安门内报国寺 1 号）

新华书店总店北京发行所经销

北京市书林印刷有限公司印刷

*　*　*　*　*

开本：787×1092 毫米　1/16　23 印张　250 千字

2016 年 9 月第 1 版　2016 年 9 月第 1 次印刷

定价：45．00 元

*　*　*　*

（如有印装质量问题可更换）

前　言

会计学作为实践性很强的一门应用学科，不仅教学中要求毕业学生具备很强的动手能力，而且企业招聘会计人员时也要求应聘者具备相应的会计实践经验。企业经营过程中，因会计岗位涉及企业资金安全及商业秘密等特殊性而使刚毕业的会计专业的学生很难有会计从业经验。这一现实决定了会计实践性教学成为会计专业的学生获取实践经验的主要途径。为此，各校会计专业教学中对各专业课程设置了相应的实践性教学环节，以提高会计专业学生对会计实践的认知感。然而各专业课的实践教学环节又难于让学生达到亲临企业实习的整体感和对各专业课程的综合运用。为实现这这一教学目标，我们根据作者长期的一线会计教学实践及企业会计的从业经验，在原校本教材的基础上编写了这本《企业会计手工实习教程》。

本书在编写过程中，我们以制造企业对会计从业人员的业务要求为主线，根据手工做账程序和模拟企业的经济业务性质，通过建账，原始凭证、记账凭证、科目汇总的编制，总账、明细账的登记，直至会计报表的编制及分析，从而完成一整套企业会计业务流程的演练。使学生能根据企业发生的经济业务性质所取得直观的实物凭证，综合运用所学会计理论达到实现会计业务综合实训的目的。

为实现上述目标，本教材在编写过程中力求体现以下特点：

1. 业务最新

本书编写过程中，确保根据最新会计准则，结合当前正在营业税改革的业务，如运输业、咨询业等按增值税进行核算，编排了实习业务。

2. 真实性高

本书选取的经济业务来源于作者兼职的实体企业，并根据手工实习的要求，按业务代表性、规范性、实用性进行了筛选。在凭证格式排版上，完全按企业经济业务发生时所涉及的原始凭证的格式，如企业间往来发票、企业与银行间发生的各类单据、本单位自编的工资表、考核表、材料收发单等等，做到与企业实际一致。

3. 综合性强

本教材中提供的业务包含的知识点有基础会计、中级财务会计、成本会计、财务管理、财务分析学。学生经过实习后能够容易使所学会计知识系统化、综合化。

本书由黄德忠、周群华任主编，邬丹、于海燕任副主编，参加本书编写的人员还有（按编写章节排序）：井冈山大学周群华（第1章），华东交通大学于海燕（第2章），南华大学黄德忠（第3章），江西科技师范大学邬丹（第4章），南华大学宋平、席文燕（第5章、附录一、附录二）。成稿后南华大学张俭、宋平、席文燕、熊玲等对全书业务代表性、逻辑性、可完成性进行了校验，最后由黄德忠负责全书总纂。

本书在编写过程中，参考或借鉴了许多业内专家学者的论文、专著或教材，并得到了中国商业出版社及参编各有关院校的领导和老师的大力支持。对于以上单位和个人的组织、参与、帮助和支持，在此一并表示衷心地感谢！

由于编写时间仓促和作者水平所限，加之会计学是一门理论和实践都在不断发展和完善的学科，许多理论和实践问题尚待继续发展，书中不足之处，恳请相关专家和读者积极指正，以使本书能及时得到完善。

编 者

2016年9月

目　录

第一章　会计手工模拟实习规范

第一节　实习时间及安排

实习总时间为 4 周,实际有效天数 20 天。具体时间分配:

1. 进行实习动员,学生熟悉实习资料、建帐(1 天)
2. 整理并填制凭证(7 天)
3. 登记明细分类帐、日记帐并结帐(4 天)
4. 编制科目汇总表、登记总帐(2 天)
5. 编制三张基本会计报表(3 天)
6. 编制会计报表附注及财务情况说明书(1 天)
7. 装订记帐凭证并将实习资料归档(1 天)
8. 教师对实习结果进行考评、打分,对实习进行总结(1 天)

第二节　实习成绩考核

在实习结束前,学生除提交实习资料外,指导教师应对每个学生进行考查,考查以笔试或口试形式进行,根据考查情况、实习资料的质量,并结合实习期间的综合表现、组织纪律、任务完成情况等方面(所占比例:实习表现 30%,实习工作质量 60%,实习报告 10%)综合评定,具体按优秀、良好、中等、及格、不及格 5 级记分制评定学生实习成绩。

1. 优秀:能很好地完成实习任务,达到大纲中规定的全部要求,资料能对实习内容进行全面、系统的总结,并能运用学过的理论知识对某些问题加以分析。在考核时比较圆满地回答问题、并有某些独到见解。实习态度端正,实习期间无违纪行为。

2. 良好:能较好地完成实习任务,达到大纲中规定的全部要求。实习资料能对实习内容进行比较全面、系统的总结。考核时能较圆满地回答问题。实习态度端正,实习期间无违纪行为。

3. 中等:能完成大部分实习任务,达到大纲中规定的主要要求。实习资料能对实习内容进行比较全面的总结。考核时能正确回答主要问题。实习态度端正,实习期间无违纪行为。

4. 及格:完成了实习的主要任务,达到实习大纲中规定的基本要求,能完成实习资料,内容基本正确，但不够完整、系统。考核中能回答主要问题。实习态度基本端正，实习中虽有轻微违纪行为，但能深刻认识、及时纠正。

5. 不及格：凡具备下列条件者，均以不及格论。

(1)未达到大纲中规定的基本要求，

(2)实习资料抄袭别人、或马虎潦草、或内容有明显错误。

(3)考核时不能回答主要问题或有原则错误。

(4)有 3 次或 3 次以上缺勤者。

(5)实习中有违纪行为，经教育不改或有严重违纪行为者。

第三节　会计模拟实习程序

会计模拟实习是将书本知识与实际操作相融合的一门实践性课程。通过该课程的学习，同学们既可以提高动手能力，又能将理论知识转化为操作技能，因而对同学们深化理论知识的理解具有重要的现实意义。为了提高会计模拟实习的质量和效率，以下将对实习的准备工作、具体工作和操作程序做出指导，请同学们实习前认真学习！

第一步：准备工作——建账

1. 按照企业会计制度要求，首先设置：总分类账、现金日记账、银行存款日记账、资产类、负债和所有者权益类以及损益类等明细账。

2. 根据下发的会计模拟资料，仔细阅读、判断本资料中的经济业务涉及哪些账户，根据各账户的性质分出其所属的账户类别。

3. 按照上述分类，将所涉及的全部账户名称填列到各类账簿中去，并把资料中所列期初余额，登记在相关账户借、贷方余额栏内。

4. 试算平衡，要求全部账户借方余额合计等于全部账户贷方余额合计；总账借贷方金额要与下设的相关明细账户借贷方余额合计数相等，试算平衡后方可进行本期业务登记，否则不能进行。

第二步：具体工作之一——填制与审核会计凭证

1. 原始凭证的填制与审核

原始凭证是反映经济业务的一种书面证明。为此，对模拟资料中所列的每一笔经济事项，都要首先确定填制原始凭证的种类、张数，包括外来原始凭证和自制原始凭证，然后根据记录真实、内容完整、书写清楚、填制及时的最基本要求，填制好每一张原始凭证。原始凭证填制完毕要进行严格的审核，主要审核：①原始凭证使用是否正确；②内容填写是否齐全；③文字、数字是否清晰完整；④金额的大小写是否正确；⑤手续是否齐备；⑥有无制单人的签名等。否则，退回重新填制。附书写范例

2. 记账凭证的填制与审核

记账凭证是以审核无误的原始凭证为依据填制的，其准确与否直接关系到账簿记录的真实性和正确性。因此，在填制记账凭证时，除严格按照填制原始凭证的要求外，还应做到：

(1)记账凭证必须连续编号(模拟中统一使用通用的记账凭证)；

(2)简明扼要地填写经济业务的主要内容，不得空置不填；

(3)必须按照新制度规定的会计科目名称和借贷记账法的记账规则,填制记账凭证;

(4)每一张记账凭证要附有原始凭证,并应注明附件页数,调整账项、结账凭证除外;

(5)如发现填制错误,未入账的要重新填制,已入账的要按照更正差错方法予以更正。

(6)要在记账凭证相应位置由会计、出纳、记账、复核、制单等签名或盖章。

记账凭证填制完毕,要进行认真的审核,其内容包括:①记账凭证是否附有原始凭证,所反映的经济内容与原始凭证内容是否相符;②记账凭证所使用的会计科目是否正确,对应关系是否清晰,金额有无错误;③记账凭证所列的各项内容是否填制齐全等。

3. 制作科目汇总表

根据审核后的记账凭证进行“T”型账户汇总,在各一级科目“T”型账户的左右两边分别将本科目的借贷方发生额一一记录。根据一本凭证的装订厚度决定一份科目汇总表汇中的凭证数量。一本凭证记录完毕后在“T”型账户进行计算每个有发生额的一级科目借贷方的合计数,再根据这些科目和合计数一一对应抄录在科目汇总表中,最终科目汇总表的所有科目借方合计数必须等于所有科目贷方合计数。

第三步:具体工作之二——登记账簿

(1)要按照规范的账簿登记方法登记账簿:必须使用蓝色、黑色墨水书写;冲账时可使用红色墨水;迹要清楚,不得跳行、空页;对发生的记账错误,采用错账更正法予以更正,不得随意涂改,挖补;月末、季末结账用单红线,年末结账用双红线;如果需要转次页,必须在前一页的最后一行摘要栏内写“过次页”,结计出该页的借贷方发生额并算出余额,在第二页的第一行摘要栏内登记“承前页”,将前一页的发生额合计数和余额登记在第二页第一行内等等。

(2)明细账要根据审核后的记账凭证逐笔序时予以登记;

(3)总账根据“科目汇总表”每本登记一次,登记完毕要与其所属的明细帐户核对相符。

第四步:总结工作——结账

(1)详细检查模拟资料中所列的经济事项,是否全部填制记账凭证,并据此记入账簿。有无错记账户、错记金额,如有应及时补正。

(2)在保证各项经济业务全部准确登记入账的基础上,结出现金日记账、银行存款日记账、总账和各类明细账的本期发生额与期末金额,为编制会计报表作好充分准备。

(3)明细账与总账进行核对无误,总账余额进行试算平衡后才进入下第五步——编制会计报表。

第五步:报告工作——编制会计报表

会计报表是以日常会计核算的资料为依据编制的,总括反映会计主体在一定时期内财务状况、经营成果的报告文件。编制时,除应遵循编制的要求外,还应做到:

(1)填明编制单位、编制时间;

(2)根据总帐或有关明细帐资料按项目填列;

(3)资产负债表要保证左方金额合计等于右方金额合计,否则重填;

(4)利润表不仅要填列本期发生栏,还要填列累计栏;

(5)编制人要签名。

第六步:实习总结——撰写实习报告

撰写实习报告是对会计模拟实习过程中所学到的知识、需要总结的经验和需要注意的事项进行总结,既是同学们实习成效的体现,更是同学们对会计实践工作的切实感悟,也能对今后师弟师妹的会计知识学习以深刻启迪。因此，会计模拟实习报告时实习过程的重要组成部分，每组同学都要写一篇3000字左右的实习报告。

第七步：结束工作——装订和归档实习资料

每一组同学都必须将会计凭证、账簿和报表进行装订和归档。

第二章　模拟企业情况简介

第一节　模拟企业的基本情况

一、企业名称:湖南朝阳车用柴油机配件有限责任公司

二、地址:衡阳市白沙工业大道 265 号(电话:0734－8960168)

三、企业单位编码:0734882456

四、企业纳税人登记号:07348832662

五、开户行及账号

(一)基本存款户:中国工商银行衡阳市白沙洲支行　　账号:062488561745

(二)一般存款户:中国建设银行衡阳市雁峰支行　　账号:082425128759

(三)证券资金账户:泰阳证券公司　　账号:038547851258

(四)社保基金专户:中国工商银行衡阳市白沙洲支行　　账号:085748123547

六、企业注册资金及股本构成

(1)企业注册资金:6000 万元。

(2)企业股本构成:70% 为共创集团投入资本,30% 为衡阳机械设备集团投入资本。

七、企业的生产组织

该企业除厂部管理部门外,设有三个基本生产车间、一个辅助生产车间。

(一)基本生产车间

1. 铸造车间;2. 加工车间;3. 包装车间。

(二)辅助生产车间

机修车间

(三)主要生产工艺流程

铸造车间:制作模具、翻砂、浇铸。

加工车间:打磨、钻孔。

包装车间:包装。

铸造车间根据生产计划浇铸各种铁铸件,经检验合格后送交自制半成品仓库:加工车间分别从仓库领用各种铸件,经不同工序加工制成各种不同的半成品,经检验合格后送交半成品仓库;包装车间根据生产任务从仓库领来的包装物,对各种柴油机气缸半成品进行包装,经检验合格后送交成品仓库。

八、企业对财会工作的基本要求

除要求财会部门必须认真履行会计机构和会计人员的各项职责和义务，贯彻执行国家相关的法令、准则、制度、规定，完成会计工作应完成的各项基本任务之外，根据企业生产经 营活动的特点及管理要求，在会计核算方面，还有如下基本要求：

(1)会计部门必须按各种产品分别核算各自的收入、成本及损益。

(2)各车间的费用必须分部门并分费用类别予以考核；厂部管理费用不必分科室予以考核，但必须按费用类别予以考核。

(3)要求计算铸造车间和加工车间半成品的成本及最终产品的成本。

不需计算在生产过程中发生的废品损失和停工损失。

(4)固定资产除按每一资产的名目设卡记录外，还需按使用部门、使用状态和固定资产类别归类记录。

(5)企业的存货和工程物资，财会部门应按存货和工程物资类别予以记录，各种存货和工程物资的收、发、存详细情况可由物资部门设账核算，但财会部负有检查、稽核的责任。

九、企业生产的产品

生产二种产品：485 型柴油机气缸体，490 型柴油机气缸体。

第二节　模拟企业会计核算的基本原则

一、货币资金的核算原则

(1)现金按币种设置明细分类账并统一集中在财务科管理，由于本实验未涉及除人民币外的其他币种现金，故只须设置一个“库存现金”明细账户。

(2)银行存款按存款的不同银行及账号设置明细分类账核算。

(3)其他货币资金按《企业会计制度规定》设置“银行汇票”、“存出投资款”、“外埠存款”、“银行本票”、“信用卡”、“信用证保证金”等明细科目，并按各明细科目的开户行或收款单位设置明细账。

(4)货币资金中的“银行存款”和“库存现金”应在“日记账”中进行序时登记，并每日结出余款，以便核对。

二、存货的核算原则

(1)原材料、燃料、低值易耗品、包装物采用计划价计价核算。其日常收、发业务只由物资会计登记上列库存物资的增减数量，月末再合计登记收发总金额及结出月末余额。会计部门采用定期汇总收料和发出材料的金额，再根据收料或发料汇总表进行账务处理的原则。

(2) 为尽可能使发出材料的成本接近实际成本，本企业采用按“原材料 - 主要材料”、“原材料 - 辅助材料”、“原材料 - 修理用材料”、“低值易耗品”、“包装物”分别计算其成本差异率的原则。故“物资采购明细账”应分别按上列五类存货设置。

(3) 发出材料的成本差异用月末加权平均成本差异率计算确定。

(4) 外购原材料、燃料、低值易耗品、包装物的收料差异在收料时确定。

(5) 低值易耗品单价在 500 元以下，一次记入当期费用；单价在 500 元 ~ 2000 元之间，按

“五五摊销法”处理。单价在2000元以上，通过“长期待摊费用”核算，按预计使用期限摊销。

（6）可多次周转使用的包装物与低值易耗品核算原则一致。再次领用的包装物不需进行会计账务处理。（实际工作中应由物资管理部门设置备查账簿进行管理。）

（7）在产品、库存商品按实际成本计价。交库的产品日常只由物资部门登记其数量，而会计处理则集中在月末待成本计算完毕后进行；发出的库存商品采用全月一次加权平均法确定其价值。

三、工程物资及在建工程的核算原则

（1）工程物资采用按实际价计价核算的原则，为含增值税的成本。

（2）工程物资的外购，在款已付出，物资尚未到达时，应设“工程物资——在途工程物资”账户核算。

（3）工程物资的收发账务，会计部门采用逐笔处理的原则，故物资会计在填列的工程物资收发单证上登记好工程物资品种明细账后，应将交会计部门的某联单及时传递给会计部门进行账务处理。

（4）发出的工程物资采用先进先出法计价。

（5）“在建工程”应按每一工程名目设置明细账。

四、工资核算的原则

（1）工资采用月工资原则计算，日工资按月工资除以21天计算确定。

（2）奖金随同工资发放，其每月发放额及发放办法由管理层决定，财会部门照章执行。

（3）企业决定的各种经常性代发款项随同工资发放，本实验的“交通补贴”和“福利补贴”两项计入工资总额的“补贴”项目。

（4）各种经常性代扣款项在结算工资时扣除。本实验含“水费”、“电费”、“住房公积金”、“失业保险金”、“养老保险金”、“医疗保险金”、“个人所得税”七项。

（5）工资费用的分配采用收付实现制原则，即按当月应付职工工资进行。

（6）“应付职工薪酬”按现行会计准则规定设明细账。

五、固定资产核算原则

（1）固定资产卡片应按逐个固定资产设置；固定资产明细账可按使用部门设置，并载明其使用状态和所属类别。在本实验中为节省篇幅，“固定资产卡片”采用“简表”格式。

（2）固定资产的折旧方法，见后附“固定资产折旧的相关资料”。全部按“直线法”法对固定资产计提折旧，并将固定资产分部门按其所属类别计提折旧；根据本行业的特点，扣除各种清理费用后，固定资产的净残值为0。

（3）固定资产减值准备应按每项固定资产的减值准备设置明细账，以便进行固定资产处置及折旧的会计处理。

（4）取得固定资产的增值税处理按2015年新税法规定执行。

六、长期待摊费用和无形资产的核算原则

（1）长期待摊费用和无形资产应按其具体名目设置明细账，并于形成的当月开始摊销。

（2）长期待摊费用应按确定的受益期限摊销，本实验当月发生的长期待摊费用其受益期限定为3年。

（3）无形资产按规定或约定的使用期限摊销，其具体的时限以原始凭证所载明的使用期限为准。

七、期间费用的核算原则

（1）“管理费用”、“财务费用”、“销售费用”等各期间费用账户宜设置多栏式明细账进行核算。

（2）各期间费用的明细分类项目应按企业和会计制度规定执行，本实验确定的明细分类项目见本教程各期间费用账户的期初资料。

（3）各期间费用的明细分类标准必须前后保持一致，根据所发生费用的性质或用途，能直接判明其明细分类归属的直接记入该明细分类项目，不属于已有明细分类项目中任何一项的费用，在明细分类项目中的“其他费用”栏记录。

八、辅助生产成本的核算原则

（1）本企业将“生产成本”账户的辅助生产成本明细账提升为一级科目。

（2）“辅助生产成本”账户只按机修车间设置一个明细分类账，其明细分类项目见表八。

（3）“辅助生产成本”明细账宜采用多栏式账页。

（4）本企业的辅助生产车间都是为企业生产经营服务的车间，故当月所发生的全部费用，应全额按各受益部门进行分配，该账户期末应无余额。

（5）辅助生产费用按直接分配法分配。

九、制造费用的核算原则（备注：基础资料要求提供各基本生产车间本月各半成品或产成品的定额生产工时）

（1）“制造费用”账户应按各基本生产车间设置明细分类账，并采用多栏式账簿，其明细分类项目见表九。

（2）本期制造费用记录完毕后，即将各车间的制造费用发生额按产品生产定额工时比例分配计入“基本生产成本”账户。制造费用对各成本计算对象的分配在进行生产成本分配时与动力费、工资费等的分配一道进行。该账户期末应无余额。

十、基本生产成本的核算原则

（1）本企业将“基本生产成本”明细账提升为一级科目。基本生产成本先按车间设二级明细账，再分别按产品设三级明细账，以记录企业在产品生产过程中所发生的费用。该明细账均采用多栏式账页，分“直接材料”、“直接人工”、“制造费用”三项成本项目。半成品（490型柴油机铸件）和半成品（485型柴油机铸件）平时入库时只记录其数量，不作账务处理，月末按全月一次加权平均发计算发出的半成品成本，并作账务处理。

（2）铸造车间以各柴油机气缸的铸件作为成本计算对象，采用品种法计算铸件成本，生产费用按定额比例法分配；加工车间以490型柴油机铸件和485型柴油机铸件两种半成品作为成本计算对象，采用品种法计算各个半成品成本，生产费用按定额比例法分配；加工车间→包装车间之间，采用平行结转的方法结转各种柴油机气缸半成品成本，包装车间以490型柴油机气缸和485型柴油机气缸作为成本计算对象,采用品种法计算各产成品成本。

(3)铸造车间材料费用分配按定额消耗比例法分配,三个车间的工资费用、制造费用按定额工时比例分配。

(4)在产品与完工产品分配:材料在各车间为一次性投入,人工及其他费用按约当产量法分配。在产品按50%比例折算完工产品。

(5)加工车间将半成品全部直接交由包装车间进行包装,铸造车间、加工车间本期期末没有在产品,包装车间有在产品。

十一、资产减值准备的核算原则

(1)模拟企业的金融资产减值损失确认与计量按会计准则的规定执行。

(2)模拟企业的“存货跌价准备”按会计准则的规定执行。

(3)模拟企业的“固定资产减值准备”,采用逐项固定资产对比确认的原则,按每一固定资产账面原值扣减已提折旧后的净值与其预计的可变现净值比较,对于账面净值已低于其可变现净值的固定资产计提减值准备。“固定资产减值准备”应按每项固定资产设置明细账。本实验只涉及上列四项资产减值准备,其他四项略去不提。

十二、损益核算的基本原则

(1)企业的“主营业务收入”和“主营业务成本”均应按各种产品设置明细分类账进行核算。

(2)“其他业务收入”和“其他业务成本”应按收入和支出种类设置明细分类账。

(3)“主营业务收入”和“其他业务收入”应纳销售税金及附加,严格按国家相关税法规定执行。本企业的主营业务和材料让售收入照章应纳增值税,并以实际应纳增值税为基础按规定比例计纳城市建设维护税和教育费附加。

(4)按制度规定确定的利润总额,必须严格按计缴所得税的规定进行纳税调整,以应纳税所得额为基数计算并处理企业应纳所得税。本实验的纳税调整集中在年末一次进行。

十三、利润核算原则

(1)“本年利润”账户宜采用多栏式明细账,并按构成本年利润的各项目设置细项进行登记。

(2)“利润分配”账户应按利润分配的各个方面设置明细账核算。企业的利润分配集中在年终一次进行。

(3)年度终了,应将“本年利润”账户余额和“利润分配”账户各子目的余额转入“利润分配——未分配利润”子目。

(4)企业本年度的利润分配原则以董事会决议为准。

除上述各方面的核算原则之外,本教程未提到的其他各种经济业务的处理原则,如非货币性交易、债务重组等,一律按中华人民共和国财政部颁发的最新《企业会计准则》执行。

第三节 会计科目一览表

一、资产类科目(见表 1.1 – 1)

表 1.1 – 1 资产类科目表

序号	编号	会计科目名称
1	1001	库存现金
2	1002	银行存款
3	1012	其他货币资金
4	1101	交易性金融资产
5	1121	应收票据
6	1122	应收账款
7	1123	预付账款
8	1131	应收股利
9	1132	应收利息
10	1221	其他应收款
11	1231	坏账准备
12	1401	材料采购
13	1402	在途物资
14	1403	原材料
15	1404	材料成本差异
16	1405	库存商品
17	1406	发出商品
18	1407	商品进销差价
19	1408	委托加工物资
20	1411	包装物
21	1412	低值易耗品
22	1461	融资租赁资产
23	1471	存货跌价准备

序号	编号	会计科目名称
24	1501	持有至到期投资
25	1502	持有至到期投资减值准备
26	1503	可供出售金融资产
27	1511	长期股权投资
28	1512	长期股权投资减值准备
29	1521	投资性房地产
30	1531	长期应收款
31	1532	未实现融资收益
32	1601	固定资产
33	1602	累计折旧
34	1603	固定资产减值准备
35	1604	在建工程
36	1605	工程物资
37	1606	固定资产清理
38	1611	未担保余值
39	1701	无形资产
40	1702	累计摊销
41	1703	无形资产减值准备
42	1711	商誉
43	1801	长期待摊费用
44	1811	递延所得税资产
45	1901	待处理财产损溢

2. 负债类会计科目(见表 1.1－2)

表 1.1－2　　负债类会计科目表

序号	编号	会计科目名称
1	2001	短期借款
2	2101	交易性金融负债
3	2201	应付票据
4	2202	应付账款
5	2203	预收账款
6	2211	应付职工薪酬
7	2221	应交税费
8	2231	应付利息
9	2232	应付股利
10	2241	其他应付款
11	2401	递延收益
12	2501	长期借款
13	2502	应付债券
14	2701	长期应付款
15	2702	未确认融资费用
16	2711	专项应付款
17	2801	预计负债
18	2901	递延所得税负债

3. 所有者权益类会计科目(见表 1.1－3)

表 1.1－3　　所有者权益类会计科目表

序号	编号	会计科目名称
1	4001	实收资本
2	4002	资本公积
3	4101	盈余公积
4	4103	本年利润
5	4104	利润分配
6	4201	库存股

4. 成本类会计科目(见表 1.1－4)

表 1.1－4　　成本类会计科目表

序号	编号	会计科目名称
1	5001	基本生产成本
2	5002	辅助生产成本
3	5101	制造费用

5. 损益类会计科目(见表 1.1－5)

表 1.1－5　　损益类会计科目表

序号	编号	会计科目名称
1	6001	主营业务收入
2	6011	利息收入
3	6041	租赁收入
4	6051	其他业务收入
5	6101	公允价值变动损益
6	6111	投资收益
7	6301	营业外收入
8	6401	主营业务成本
9	6402	其他业务成本
10	6403	营业税金及附加
11	6411	利息支出
12	6421	手续费及佣金支出
13	6601	销售费用
14	6602	管理费用
15	6603	财务费用
16	6701	资产减值损失
17	6711	营业外支出
18	6801	所得税费用
19	6901	以前年度损益调整

第三章　模拟实验操作用资料

第一节　模拟实验的建账资料

一、模拟企业 2015 年 12 月总账期初余额(见表 1.2－1)

表 1.2－1　　总账期初余额表　　单位:元

总账科目	借或贷	期初余额	总账科目	借或贷	期初余额
库存现金	借	12 000	短期借款	贷	13 500 000
银行存款	借	1 702 210	交易性金融负债	贷	0
其他货币资金	借	373 800	应付票据	贷	2 000 000
交易性金融资产	借	300 000	应付账款	贷	3 476 308
应收票据	借	1 450 000	预收账款	贷	600 000
应收账款	借	1 707 800	应付职工薪酬	贷	908 000
预付账款	借	605 000	应交税费	贷	800 200
应收股利	借	20 000	应付股利	贷	0
应收利息	借	0	应付利息	贷	0
其他应收款	借	150 000	其他应付款	贷	0
坏账准备	贷	51 234	代理业务负债	贷	0
材料采购	借	855 140	预计负债	贷	0
原材料	借	1 560 400	递延收益	贷	0
材料成本差异	借	142 000	长期借款	贷	28 000 000
基本生产成本	借	867 800	长期债券	贷	0
自制半成品	平	0	长期应付款	贷	0

总账科目	借或贷	期初余额	总账科目	借或贷	期初余额
制造费用	平	0	未确认融资费用	贷	0
辅助生产成本	平	0	递延所得税负债	贷	0
库存商品	借	2 847 100	实收资本	贷	60 000 000
发出商品	借	0	资本公积	贷	8 583 250
委托加工物资	借	0	盈余公积	贷	7 352 000
包装物	借	365 000	本年利润	贷	3 336 574.50
低值易耗品	借	189 700	利润分配	贷	1 223 425.50
存货跌价准备	贷	86 900			
持有至到期投资	借	500 000	主营业务收入	平	0
持有至到期投资减值准备	贷	0	其他业务收入	平	0
可供出售金融资产	借	0	公允价值变动损益	平	0
长期股权投资	借	680 000	投资收益	平	0
长期股权投资减值准备	贷	0	营业外收入	平	0
长期应收款	借	0	主营业务成本	平	0
未实现融资收益	借	0	其他业务收入	平	0
固定资产	借	126 740 000	营业税金及附加	平	0
累计折旧	贷	15 684 158	销售费用	平	0
固定资产减值准备	贷	0	管理费用	平	0
在建工程	借	2 860 000	财务费用	平	0
工程物资	借	694 100	资产减值损失	平	0
固定资产清理	借	0	营业外支出	平	0
无形资产	借	1 800 000	所得税费用	平	0
累计摊销	贷	820 000	以前年度损益调整	平	0
无形资产减值准备	贷	0			
长期待摊费用	借	0			
递延所得税资产	借	0			
待处理财产损溢	借	0			

二、模拟企业 2015 年 12 月日记账期初余额(见表 1.2-2)

表 1.2-2　日记账期初余额表　单位:元

总账科目	明细科目	借或贷	期初余额
库存现金		借	12 000
银行存款	工商银行	借	1 502 210
	建设银行	借	200 000

三、模拟企业 2015 年 12 月三栏式明细账期初余额(见表 1.2-3)

表 1.2-3　三栏式明细账期初余额表　单位:元

总账科目	明细科目	借或贷	期初余额
其他货币资金	银行汇票	借	150 000
	存出投资款	借	223 800
交易性金融资产（预留 4 个户）	中海集团股票——成本	借	200 000
	中海集团股票——公允价值变动	贷	50 000
	基金天创——成本	借	120 000
	基金天创——公允价值变动	借	30 000
应收票据(预留 3 个户)	长沙东城有限公司	借	1 450 000
应收账款(预留 3 个户)	广东天林有限公司	借	907 800
	长沙星沙有限公司	借	500 000
	衡阳诚达有限公司	借	300 000
预付账款(预留 2 个户)	B 公司	借	605 000
应收股利	海王公司	借	20 000
其他应收款(预留 5 个户)	刘林	借	30 000
	李小运	借	120 000
坏账准备		贷	51 234
材料成本差异	原材料成本差异——主要材料	借	90 550
	原材料成本差异——辅助材料	借	22 700
	原材料成本差异——修理用材料	借	6 750
	包装物成本差异	借	28 000
	低值易耗品成本差异	贷	6 000
存货跌价准备		贷	86 900
持有至到期投资		借	500 000
持有至到期投资减值准备		贷	0
长期股权投资	蓝天制造有限公司	借	680 000
长期股权投资减值准备		贷	0

总账科目	明细科目	借或贷	期初余额
长期应收款		借	0
固定资产减值准备		借	0
在建工程	新厂房	借	2 860 000
固定资产清理		借	0
无形资产（预留 1 个户）	W 专利技术	借	50 000
	土地使用权	借	600 000
	其他无形资产	借	1 150 000
累计摊销	W 专利技术	贷	20 000
（注：土地使用权本月开始摊销）	其他无形资产	贷	800 000
待处理财产损溢		借	0
短期借款		贷	13 500 000
应付票据（预留 2 个户）	湘南废品回收公司	贷	2 000 000
应付账款（预留 2 个户）	湘南废品回收公司	贷	648 710
	湖南省煤炭公司	贷	1 018 400
	鸿雁矿产公司	贷	867 500
	衡阳电力公司	贷	684 100
	砂箱材料公司	贷	257 598
预收账款（预留 3 个户）	南方拖拉机厂	贷	600 000
应付职工薪酬	工资	贷	907 800
	职工福利	贷	200
	应付社会保险费	平	0
	应付住房公积金	平	0
	应付工会经费	平	0
	应付职工教育经费	平	0
应交税费	未交增值税	贷	621 000
	应交城建税	贷	43 470
	教育费附加	贷	18 630
	企业所得税	贷	117 100
	应交营业税	贷	0
其他应付款		贷	0
长期借款		贷	28 000 000
实收资本		贷	60 000 000
资本公积		贷	8 583 250
盈余公积		贷	7 352 000
利润分配		贷	1 223 425.50
公允价值变动损益		平	0
投资收益		平	0
营业税金及附加		平	0
资产减值损失		平	0
所得税费用		平	0

四、模拟企业 2015 年 12 月材料采购——原材料——主要材料明细账期初余额（见表 1.2－4）

表 1.2－4　　材料采购——原材料——主要材料明细账期初余额表　　单位：元

供货单位	材料名称	计量单位	应收数量	单价	买价	运杂费	小计
湘南废品回收公司	生铁	吨	156	2 220	346 320	400	346 720
湘南废品回收公司	废钢	吨	96	2 130	204 480	400	204 880
鸿雁矿产公司	硅	吨	4	5 230	20 920	300	21 220
省煤炭公司	焦炭	吨	234.85	1 200	281 820	500	282 320
合计							855 140

注：材料采购按主要材料、辅助材料、修理用材料、包装物、低值易耗品类别建数量金额式明细账。

五、模拟企业 2015 年 12 月固定资产明细账期初余额（见表 1.2－5）

表 1.2－5　　固定资产明细账期初余额表（至 2015 年 11 月止）　　单位：元

资产名称	使用部门	数量	月初原值	平均每台（栋）	预计使用寿命	已使用年数	已提折旧
房屋	铸造车间	1	12 903 000	12 903 000.00	40	5	1 612 875.00
房屋	加工车间	1	12 657 000	12 657 000.00	40	5	1 582 125.00
房屋	包装车间	1	5 894 600	5 894 600.00	40	5	736 825.00
房屋	机修车间	1	5 658 000	5 658 000.00	40	5	707 250.00
房屋	厂部	1	18 769 000	18 769 000.00	40	5	2 346 125.00
房屋	仓库	1	3 210 000	3 210 000.00	40	5	401 250.00
房屋	食堂	1	2 712 000	2 712 000.00	40	5	339 000.00
围墙	厂部	1	1 547 964	1 547 964.00	40	5	193 496.00
门面	李晓华租用	1	15 636	15 636.00	40	5	1 955.00
配电房	机修车间	1	845 900	845 900.00	40	5	105 738.00
冲天炉	铸造车间	3	29 671 700	9 890 567.00	30	3	2 967 170.00
鼓风机	铸造车间	3	895 000	298 333.30	15	2	119 333.00
锻压机床	铸造车间	12	864 700	72 058.33	15	2	115 293.00
车床	加工车间	45	15 783 560	350 745.80	15	2	2 104 475.00
铣床	加工车间	5	655 625	131 125.00	15	2	87 416.67
攻丝机	加工车间	18	654 100	36 338.89	15	2	87 213.00
磨床	加工车间	15	6 795 400	453 026.70	15	2	906 053.00
镗床	加工车间	5	1 783 000	356 600.00	15	2	237 733.00
冲床	加工车间	2	614 790	307 395.00	15	2	81 972.00
配电设备	机修车间	1	1 780 900	1 780 900.00	10	2	353 977.00
叉车	铸造车间	5	482 000	96 400.00	10	2	96 400.00
叉车	加工车间	10	966 000	96 600.00	10	2	193 200.00
叉车	包装车间	15	1 449 000	96 600.00	10	2	289 800.00
铣床	福娃公司租用	1	131 125	131 125.00	15	2	17 483.33
合计			126 740 000				15 684 158.00

六、模拟企业应交增值税2015年1－11月累计发生额(见表1.2－6)

表1.2－6 应交增值税累计发生额 单位:元

借方发生额				贷方发生额			
项目	进项税额	已交税金	转出未交增值税	销项税额	出口退税	进项税额转出	转出多交增值税
金额	10 511 200	4 762 620	621 000	15 894 820			

七、模拟企业2015年12月基本生产成本明细账期初余额(见表1.2－7)

表1.2－7 基本生产成本明细账期初余额表 单位:元

明细账户	期初数量	直接材料费	直接人工费	制造费用	合计
490柴油机气缸	1 122	384 611	79 055	83 932	547 598
485柴油机气缸	710	227 642	44 895	47 665	320 202
小　计	1 832	612 253	123 950	131 597	867 800

注:期初在产品均属于铸造车间,其中490铸件在产品为1 122台,485铸件在产品为710台。完工程度100%,但尚未办理入库手续。

八、模拟企业2015年"辅助生产成本"明细账1－11月累计发生额(见表1.2－8)

表1.2－8 "辅助生产成本"明细账累计发生额表 单位:元

费用项目 \ 车间名称	机修车间	费用项目 \ 车间名称	机修车间
外购材料	248 692	折旧费	312 296
外购动力	25 196	修理费	74 682
外购燃料	9 474	养路费	3 654
低值易耗品	6 825	劳动保护费	6 356
工资	42 900	车间管理费	1 542
其他直接费用	14 756	合计	746 373

九、模拟企业2015年"制造费用"明细账1－11月累计发生额(见表1.2－9)

表1.2－9　　"制造费用"明细账累计发生额表　　单位:元

费用项目 \ 车间名称	铸造车间	加工车间	包装车间	合计
工资	228 800	448 800	115 500	793 100
其他直接费	160 160	314 160	80 850	555 170
折旧费	1 354 049	1 993 015	267 909	3 614 973
修理费	279 567	411 492	55 314	746 373
办公费	411 840	807 840	207 900	1 427 580
水电费	5 286 330	4 164 730	1 542 641	10 993 701
劳动保护费	343 200	673 200	173 250	1 189 650
机物料消耗	67 702	99 651	13 395	180 749
低值易耗品费	106 055	142 608	46 510	295 173
运输费	51 696	91 546	23 316	166 557
其他	31 672	48 260	14 502	94 434
小计	8 321 071	9 195 302	2 541 087	20 057 460

十、模拟企业2015年"主营业务收入"、"主营业务成本"明细账1－11月累计发生额(见表1.2－10)

表1.2－10　　"主营业务收入"、"主营业务成本"明细账累计发生额表　　单位:元

产品名称	销售数量	平均售价	主营业务收入	成本均价	主营业务成本
490柴油机气缸	97 895	670	65 589 650	517.58	50 668 494
485柴油机气缸	38 965	610	23 768 650	470.50	18 333 033
合计		89 358 300		69 001 527	

注:成本均价＝主营业务成本/销售数量

十一、模拟企业2015年"其他业务收入"、"其他业务成本"明细账1－11月累计发生额(见表1.2－11)

表1.2－11　　"其他业务收入"、"其他业务成本"明细账累计发生额表　　单位:元

其他业务项目	借方发生额			贷方发生额
	小计	其他业务成本	营业税金及附加	其他业务收入
柴油机维修	214 714	198 688	16 026	267 100
合计	214 714	198 688	16 026	267 100

十二、模拟企业2015年“管理费用”明细账1－11月累计发生额(见表1.2－12)

表1.2－12 “管理费用”“明细账累计发生额表 单位:元

费用项目	发生额	费用项目	发生额
董事会会费	258 410	税金	86 920
职工薪酬	3 679 362	工会经费	274 820
办公费	684 710	业务招待费	975 655
差旅费	789 665	无形资产摊销	165 000
折旧费	528 105	各项准备	365 890
水电费	269 873	其他	698 742
保险费	158 678	合计	8 935 830

注:本月管理费用业务较多,需空一页。

十三、模拟企业2015年“财务费用”明细账1－11月累计发生额(见表1.2－13)

表1.2－13 “财务费用”明细账累计发生额表 单位:元

费用项目	发生额	费用项目	发生额
利息净支出	2 176 250	汇兑损益	0
金融机构手续费	87 500	合计	2 263 750

十四、模拟企业2015年“销售费用”明细账1－11月累计发生额(见表1.2－14)

表1.2－14 “销售费用”明细账累计发生额表 单位:元

费用项目	发生额	费用项目	发生额
广告费	797 738	保险费	72 890
运输费	586 300	其他	36 230
展销费	20 700	售后服务费	213 846
工资	526 854	合计	2 254 558

十五、模拟企业2015年“营业外收入”明细账1－11月累计发生额(见表1.2－15)

表1.2－15 “营业外收入”明细账累计发生额表 单位:元

收入项目	发生额	收入项目	发生额
固定资产盘盈	127 000	罚款净收入	0
处置固定资产净收益	32 500	合计	244 177
非货币性资产收益	84 677		

十六、模拟企业 2015 年“营业外支出”明细账 1－11 月累计发生额（见表 1.2－16）

表 1.2－16　　“营业外支出”明细账累计发生额表　　单位：元

支出项目	发生额	支出项目	发生额
固定资产盘亏	10 300	公益性捐赠	300 000
处理固定资产净损失	0	非公益性捐赠	100 000
债务重组损失	68 100	罚款支出	20 000
非常损失	20 000	合计	518 400
计提固定资产减值准备	0		

十七、模拟企业 2015 年“本年利润”明细账 1－11 月累计发生额（见表 1.2－17）

表 1.2－17　　“本年利润”明细账累计发生额表　　单位：元

明细项目	金额	明细项目	金额
借方发生额		贷方发生额	
主营业务成本	69 001 527	主营业务收入	89 358 300
营业税金及附加	2 208 224	其他业务收入	267 100
其他业务成本	198 688	营业外收入	244 177
销售费用	2 254 558	投资收益	31 400
管理费用	8 935 830	公允价值变动损益	－50 000
财务费用	2 263 750		
资产减值损失	50 000		
营业外支出	518 400		
所得税费用	1 112 191.50		

十八、模拟企业2015年12月“原材料”数量金额式明细账期初结存数(见表1.2－18)

表1.2－18　“原材料”数量金额式明细账期初结存数表　单位:元

物料类别	品名	规格	计量单位	结存数量	计划单价	结存金额
原材料及主要材料(含燃料)	生铁		吨	276	2 200	607 200
	废钢		吨	206	2 100	432 600
	硅		吨	6	5 200	31 200
	焦炭		吨	63	1 200	75 600
	锰		吨	3	4 500	13 500
	铬		吨	3	5 800	17 400
小计						1 177 500
辅助材料	复膜砂		吨	195	950	185 250
	酒精		公斤	4 500	3.67	16 515
	型砂		吨	256	140	35 840
	煤粉		吨	51	630	32 130
	陶土		吨	24	1 060	25 440
小计						295 175
修理用材料	润滑油	15公斤装	桶	141	75	10 575
	传动轴	36×1000	根	90	364	32 760
	轴承	8415	副	118	40	4 720
	齿轮	直径320	套	47	410	19 270
	齿轮	直径450	套	30	680	20 400
小计						87 725
原材料合计						1 560 400

十九、模拟企业2015年12月“低值易耗品”数量金额式明细账期初结存数(见表1.2－19)

表1.2－19　“低值易耗品”数量金额式明细账期初结存数表　单位:元

物料类别	品名	规格	计量单位	结存数量	计划单价	结存金额
低值易耗品	车刀	10×10	把	360	120	43 200
	刨刀	610×38×6	支	3 320	10	33 200
	铣刀	1－32	把	2 800	20	56 000
	钻头	直径:D03.2 全长:38	支	2 300	12	27 600
	镗刀	VC1103	支	60	495	29 700
小计						189 700

二十、模拟企业2015年12月"包装物"数量金额式明细账期初结存数(见表1.2-20)

表1.2-20 "包装物"数量金额式明细账期初结存数表 单位:元

物料类别	品名	规格	计量单位	结存数量	计划单价	结存金额
包装物	490气缸木箱		只	3 550	75	266 250
	485气缸木箱		只	1 975	50	98 750
小计						365 000

二十一、模拟企业2015年12月"库存商品"数量金额式明细账期初结存数(见表1.2-21)

表1.2-21 "库存商品"数量金额式明细账期初结存数表 单位:元

品名	计量单位	结存数量	实际成本	结存金额
490柴油机气缸	台	3 800	519.09	1 972 550
485柴油机气缸	台	1 860	470.19	874 550
合计				2 847 100

注:实际成本=结存金额/结存数量

二十二、模拟企业2015年12月"工程物资"数量金额式明细账期初结存数(见表1.2-22)

表1.2-22 "工程物资"数量金额式明细账期初结存数表 单位:元

品名	规格/型号	计量单位	结存数量	实际单价	结存金额
水泥	400标号	吨	41	500	20 500
螺纹钢	直径20	吨	32	3 600	115 200
线材	直径18	吨	174.5	3 200	558 400
合计					694 100

二十三、模拟企业485柴油机气缸材料消耗定额(见表1.2－23)

表1.2－23　　485柴油机气缸材料消耗定额表　　单位:元

物料类别	品名	计量单位	消耗定额	计划单价	金额
原材料及主要材料（含燃料）	生铁	公斤	54.00	2.2	118.80
	废钢	公斤	35.13	2.1	73.77
	硅	公斤	1.59	5.2	8.27
	焦炭	公斤	15.60	1.2	18.72
	锰	公斤	0.75	4.5	3.38
	铬	公斤	0.15	5.8	0.87
小计					223.81
辅助材料	复膜砂	公斤	45.99	0.95	43.69
	酒精	公斤	0.30	3.67	1.10
	型砂	公斤	67.71	0.14	9.48
	煤粉	公斤	7.14	0.63	4.50
	陶土	公斤	3.57	1.06	3.78
小计					62.55
原材料合计					286.36

二十四、模拟企业490柴油机气缸材料消耗定额(见表1.2－24)

表1.2－24　　490柴油机气缸材料消耗定额表　　单位:元

物料类别	品名	计量单位	消耗定额	计划单价	金额
原材料及主要材料（含燃料）	生铁	公斤	57.6	2.2	126.72
	废钢	公斤	37.47	2.1	78.69
	硅	公斤	1.7	5.2	8.84
	焦炭	公斤	16.64	1.2	19.97
	锰	公斤	0.8	4.5	3.60
	铬	公斤	0.16	5.8	0.93
小计					238.75
辅助材料	复膜砂	公斤	49.06	0.96	46.61
	酒精	公斤	0.32	3.67	1.17
	型砂	公斤	72.22	0.14	10.11
	煤粉	公斤	7.62	0.63	4.80
	陶土	公斤	3.81	1.06	4.04
小计					66.73
原材料合计					305.48

二十五、模拟企业485、490柴油机气缸完工产品定额标准(见表1.2－25、表1.2－26)

表1.2－25　485柴油机气缸完工产品定额标准表　单位:元

485柴油机气缸完工产品定额标准			
耗费车间	物料类别	计量单位	消耗定额
铸工车间	原材料及主要材料（含燃料）	元	286.36
铸工车间	定额工时	小时	2.80
加工车间	低值易耗品等材料	小时	3.90
加工车间	定额工时	小时	3.90
包装车间	包装物	元	50
包装车间	定额工时	小时	0.20

表1.2－26　490柴油机气缸完工产品定额标准表　单位:元

490柴油机气缸完工产品定额标准			
耗费车间	物料类别	计量单位	消耗定额
铸造车间	原材料及主要材料（含燃料）	元	305.48
铸造车间	定额工时	小时	3.20
加工车间	低值易耗品等材料	小时	4.40
加工车间	定额工时	小时	4.40
包装车间	包装物	元	75
包装车间	定额工时	小时	0.20

第二节　朝阳车用柴油机配件公司2015年12月份发生的部分经济业务

12月1日:

[1]购入办公用品550元,以现金支付。(附:对方发票)

[2]开出现金支票,从中国工商银行提取现金4 000元,备用零星开支使用。(制:现金支票)

[3]用现金支付通勤客车的维修费3 779.50元。(附:对方发票)

[4]收到广东天林有限公司的前欠货款907 800元,款项已经存入中国工商银行。(附:信汇收账通知)

[5]人事处李红借领差旅费2 000元,现金支付。(附:借款单)

［6］从湘南废品回收公司采购的156吨生铁和96吨废钢运达本公司，并已经验收入库。（制：收料单）（以前购入本次入库）

12月2日：

［7］与石家庄拖拉机厂签定490柴油机订货合同2 000台，石家庄拖拉机厂预付货款500 000元已存入存款户。（附：信汇收账通知）

［8］用现金支付公司业务招待费1 500元。（附：对方发票）

［9］从工商银行信汇648 710元给湘南废品回收公司，支付前欠该公司的购货款。（制：信汇回单）（对方开户行：工行长沙支行红旗路分理处，账号：091482542138）（填制信汇单，其中回单交银行盖章后退回）

［10］铸造车间领用原材料，其中：生铁118 800公斤，废钢77 286公斤，硅3 498公斤，焦炭34 320公斤，锰1 650公斤，铬330公斤；同时领用辅助材料，其中：复膜沙101 178公斤，酒精660公斤，型砂148 962公斤，煤粉15 708公斤，陶土7 854公斤。（制：领料单）

［11］以190 000元的价格，出售所持有的中海集团股票（附：成交过户交割凭单（卖单））。

［12］收到海王公司分派给本公司的现金股利20 000元，款项已经存入工商银行账户（附：进账单）。

12月3日：

［13］经催讨，收到长沙星沙有限公司的前欠货款100 000元，款项已经存入中国工商银行，剩余未偿还的400 000元货款则由对方出具了期限为3个月的商业汇票。（制：进账单）（对方开户行：工行长沙支行黄兴路分理处，账号：091482423456，填制进账单，填写应收票据备查簿）

［14］从省煤炭公司采购的234.85吨焦炭运达本公司，在验收入库时发现短缺0.5吨，经查系运输途中合理损耗。（制：收料单）

［15］在建工程新厂房领用工程物资，其中400标号水泥32吨，直径20的螺纹钢24吨，直径18的线材169吨。（制：领料单）［16］铸造车间的铸件完工入库，其中：490型柴油机铸件2 622件，485型柴油机铸件1 210件。（制：产品入库单；说明：此次入库包含期初完工未入库产品）

12月4日：

［17］长沙东城有限公司的出具给本公司的商业汇票已经到期，对方按期偿付，已经接到工商银行的入账通知单。（附：托收凭证收账通知）（对方开户行：建行长沙分行东城营业部，账号：019805549365 商业汇票的票款结算一般采用委托收款方式。商业汇票的提示付款期，自汇票到期日起10日。持票人应在提示付款期内通过开户银行委托收款或直接向付款人提示付款。对异地委托收款的，持票人可匡算邮程，提前通过开户银行委托收款。）

［18］从湘南废品回收公司采购生铁150吨，单价为2 150元/吨，采购废钢100吨，单价为2 050元/吨，货已经验收入库，款项暂欠。（附：对方增值税发票，（制：收料单））

［19］加工车间从衡阳乐驰拖拉机厂租借锻压机床一台，用工商银行转账支票支付押金5 000元以及第一个月的租金500元。（制：转账支票）

［20］接到国家中小企业创新基金补贴20万元，款项已经汇入中国工商银行账户。（附：信汇收账通知）（衡阳市财政局，开户行：中国银行方州分行营业部　账号：655042203456780）

［21］加工车间从仓库领用490型柴油机铸件2 500件，485型柴油机铸件1 200件；领用

车刀100把,刨刀9支,铣刀18把,钻头10支,镗刀60支。(制:领料单)

[22]包装车间领用490气缸木箱1 000只,485气缸木箱500只。(制:领料单)

12月5日:

[23]通过工商银行信汇的方式,偿还前欠鸿雁矿产公司的货款867 500元。(制:信汇回单)(对方开户行:工行长沙支行雨花路分理处,账号:09149412366)(填制信汇单,其中回单交银行盖章后退回)

[24]开出转账支票,机修车间购买维修零配件4 000元。(附:对方普通发票,制:转账支票)(对方单位:湖湘标准件厂)

[25]以库存商品485型柴油机气缸15台换取北方电脑销售公司电脑2台,该批产品公允价值为9 600元,计税价格等于公允价值。(附:对方增值税发票;制:增值税发票,固定资产交接单,产品出库单)(对方单位:北方公司纳税人识别号:430410112257561;地址及电话:衡阳市先锋路55号282122A;开户行及账号:工行先锋路营业部0198422202247897)

[26]从金达矿产品贸易公司采购采购辅助材料,其中:复膜沙250吨,单价为940元/吨;型砂400吨,单价150元/吨;煤粉40吨,单价624元/吨;陶土20吨,单价1 059元/吨,开出中国工商银行转账支票支付。(附:对方增值税发票,制:转账支票)

[27]销售给凯利公司490型柴油机气缸2 500台,485型柴油机气缸900台;单价分别为680元/台和640元/台,增值税税率为17%。对方开出银行本票支付。(制:增值税专用发票,产品出库单,进账单)(对方开户行:中国银行衡阳分行,账号:654889781540554,纳税人识别号:430404123058754)(按照规定受理银行本票后,应将银行本票连同进账单送交银行办理转账,此处视为银行收款)

12月6日:

[28]开出工商银行转账支票一张,偿还前欠砂箱材料公司的货款257 598元。(制:转账支票,支票交给砂箱公司,存根记账)

[29]12月5日采购的材料入库。(制:收料单)

[30]销售给巨野公司490型柴油机气缸500台,485型柴油机气缸200台;单价分别为690元/台和650元/台,增值税税率为17%。对方开出转账支票支付货款。(制:增值税专用发票,产品出库单,进账单)(对方开户行:工行衡阳市分行华新营业处,账号:019542354565,纳税人识别号:430404123058765)

[31]开出转账支票支付全公司女职工的体检费7 000元。(附:对方发票;制:转账支票)

[32]现金支票支付展览费10 600元,现金支付餐费(盒饭)205元。(附:对方开的增值税发票,餐费发票;制:现金支票)

[33]向精诚公司转让本公司的W专有技术,获得转让收入56 000元,收到转账支票一张,已经存入银行。(增值税适用税率6%;精诚公司开户行:工行衡阳市人民路分理处,账号:920155456541225,纳税人识别号:430404123088571)(制:增值税专用发票,制:进账单)

[34]产成品入库,其中:490型柴油机气缸2 000台,485型柴油机气缸500台。(制:产品入库单)

[35]从金达矿产品贸易公司采购锰5吨,单价为4 650元/吨,采购硅8吨,单价为5 150元/吨。开出中国工商银行转账支票支付。(附:对方增值税发票,制:转账支票)

12月7日:

[36]人事处李红参加人才双选会出差回来报账,共花费 2 950 元,已经借支 2 000 元,其余部分用现金支付。(附:差旅费报销单)

[37]现金支付加工车间产品鉴定费 588 元。(附:省技术监督局事业收费发票)

[38]现金付加工车间购焊条 400 根,单价 1.20 元,销售方系小规模纳税人。(附:对方发票)

[39]加工车间购钢丝刷 50 把,单价 2 元,现金支付。(附:对方发票)

[40]现金收取个体户李晓华租用本单位门面的租金 4 000 元,并交存银行。(制:现金缴款单,租金发票)

[41]12 月 6 日采购的材料入库。(制:收料单)

[42]机修车间领料,其中:15 公斤装润滑油 50 桶,36×1000 传动轴 40 根,8415 轴承 50 副,直径 320 齿轮 25,直径 450 齿轮 10 套。(制:领料单)

[43]铸造车间领用原材料,其中:生铁 129 960 公斤,废钢 84 546 公斤,硅 3 826.6 公斤,焦炭 37 544 公斤,锰 1 805 公斤,铬 361 公斤;同时领用辅助材料,其中:复膜沙 110 683 公斤,酒精 722 公斤,型砂 162 955 公斤,煤粉 17 184 公斤,陶土 8 591.8 公斤。(制:领料单)

12 月 8 日:

[44]以 186 000 元的价格,出售所持有的基金天创的股票型基金。(附: 成交过户交割凭单(卖单))。

[45]通过转账方式,发放上个月的工资 907 800 元。(制:转账支票)

[46]签发工商银行转账支票,购买印花税票 230 元。(制:转账支票;收款人:衡阳市国库)

[47]现金购买劳保手套 40 双,单价 2 元。包装车间领用。(附:对方发票;)

[48]现金支付全公司各部门本月的房租补贴,铸造车间 1 000 元,加工车间 900 元,包装车间 550 元,机修车间 450 元,公司管理部门 500 元。(附:房租补助发放表)

12 月 9 日:

[49]副总经理刘林从国外考察归来,报销差旅费。(事前借支 30 000 元)。(附:差旅费报销单(后附原始单据略))

[50]现金支付财务处购印泥 5 盒,单价 3.50 元,邮费 45 元。(附:办公用品发票)

[51]现金支付总务处垃圾清运费 100 元。(附:对方劳务费发票)

[52]机修车间购消耗性物资费用 1 120 元,以工商银行现金支票支付。(附:物料发票;制:现金支票)

[53]铸造车间的铸件完工入库,其中:490 型柴油机铸件 1 800 件,485 型柴油机铸件 700 件。(制:产品入库单)

12 月 10 日

[54]销售给大丰公司 490 型柴油机气缸 800 台,485 型柴油机气缸 300 台;单价分别为 690 元/台和 650 元/台,增值税税率为 17%。对方开出转账支票支付货款:(制:增值税发票,产品出库单,进账单)(对方开户行:工行衡阳支行,账号:019543254501,纳税人识别号:430404123058701)

[55]人力资源部请来培训师给职工进行新技术的培训,支付 800 元的讲课费,另付税费 48 元,全部以现金支票支付。(附:对方开具的增值税发票;制:现金支票)

[56]加工车间从仓库领用490型柴油机铸件1 800件,485型柴油机铸件700件。(制:领料单)

[57]包装车间领用490气缸木箱2 000只,485气缸木箱1 000只。(制:领料单)

12月11日:

[58]从鸿雁矿业公司采购的4吨硅运达本公司,并已经验收入库。(制:收料单)

[59]衡阳诚达有限公司(下称乙公司)陷入财务危机,一直无法归还本公司(下称甲公司)的30万元货款,经协商于2015年12月11日签订债务重组协议:乙公司用现金归还25万元,甲公司即解除债务。当日,乙公司按约定支付了货款。债务重组前,本公司没有计提坏账准备。(诚达公司开户行:农行衡阳支行城南营业部 账号:612045546520)(附:债务重组协议,制:进账单)

[60]以工商银行汇款的方式支付给长沙国际会展中心产品展销费5 000元。(附:增值税专用发票,税率6%;制:信汇凭证,回单经银行盖章后退回记账)(对方开户行:招商银行长沙市分行,账号:546889112023)

[61]收到歌华公司的购销合同定金10 000元,款项已经存入银行。(附:信汇凭证(收款通知))

12月12日:

[62]通过工商银行信汇的方式,偿还前欠省煤炭公司的货款1 018 400元。(制:信汇凭证,交银行后回单退回记账)(对方开户行:交通银行长沙市分行,账号:4444891120419)

[63]销售给大丰公司490型柴油机气缸800台,485型柴油机气缸300台;单价分别为690元/台和650元/台,增值税税率为17%,对方出具了金额为200 000元人民币,期限为两个月的商业汇票,余款开出转账支票支付。(制:增值税专用发票,产品出库单,进账单,附:商业汇票,登记应收票据登记簿))

[64]铸造车间领用原材料,其中:生铁121 680公斤,废钢79 159.6公斤,硅3 582.8公斤,焦炭35 152公斤,锰1 690公斤,铬338公斤;同时领用辅助材料,其中:复膜沙103 630.8公斤,酒精676公斤,型砂152 573.2公斤,煤粉16 088.8公斤,陶土8 044.4公斤。(制:领料单)

12月13日:

[65]收加工车间为香江机械制造厂加工产品劳务费21 367.52元及税款3 632.48元。(香江机械制造厂;纳税人识别号:430410365695847;地址及电话:衡阳市白沙路147号8484612;开户行及账号:工行白沙路营业部0198422245543212)(制:增值税专用发票,进账单)

[66]产成品入库,其中:490型柴油机气缸2 000台,485型柴油机气缸1 200台。(制:产品入库单)

12月14日:

[67]信汇给武汉明继电器公司预付焊条款1 915.83元。(武汉明继电器公司开户行:中行武汉分行市营业部,账号: 097887773544252)(制:信汇凭证,交银行,退回回单记账)

[68]用银行汇票购入待安装的车床一台,价税合计150 000元。(附:对方发票)

[69]开出转账支票,购入价值1 500元的建筑材料用于车床安装工程。(制:转账支票,对方发票,收料单)

[70]根据"应交税费"三栏式明细账交纳上月应交纳的增值税、城建税、教育费附加和企

业所得税。(制:纳税申报表)

12 月 15 日:

[71]开出现金支票付工会上半年劳动竞赛奖 4 100 元。(制:现金支票, 附:劳动竞赛奖发放表)

[72]从工商银行借款 150 万元用于扩建厂房工程。(附:银行借款凭证)

[73]铸造车间的铸件完工入库,其中:490 型柴油机铸件 1 900 件,485 型柴油机铸件 900 件。(制:产品入库单)

[74]向永生工具厂购入车刀 35 把,刨刀 5 支,铣刀 15 把,钻头 4 支,镗刀 120 支,货已经验收入库,货款由本公司签发的工商银行转账支票支付。(制:收料单,转账支票,附:对方增值税发票)

[75]向洞庭废旧金属回收公司采购生铁 150 吨,单价为 2 210 元/吨,采购废钢 100 吨,单价为 2 110 元/吨;货款以信汇的方式支付。(制:信汇凭证,附:对方增值税发票)

[76]从金燕矿产品公司采购辅助材料,其中:复膜沙 200 吨,单价为 945 元/吨;型砂 300 吨,单价 141 元/吨;煤粉 20 吨,单价 620 元/吨;陶土 10 吨,单价 1 090 元/吨。货已经验收入库,款暂欠。(附:增值税发票,制:收料单)

12 月 16 日:

[77]机修车间付西安标准公司设备电路测试费 9 000 元,增值税 540 元。(制:电汇凭证,附:对方发票)

[78]收到职工刘海违纪罚款 100 元。(制:收款收据)

[79]支付车床安装费 2 300 元人民币。(制:信汇凭证)(上海立山机床厂,开户行:中行上海市华山路支行,账号: 622547663544232)

[80]车床安装完毕,交付使用。(制:固定资产交接单)

[81]12 月 15 日采购的生铁和废钢经验收合格入库。(制:收料单)

[82]销售给九州公司 490 型柴油机气缸 900 台,485 型柴油机气缸 300 台;单价分别为 690 元/台和 650 元/台,增值税税率为 17%。货已发出,货款以托收承付的方式收取。(制:增值税发票,产品出库单,托收凭证)(对方开户行:农行长沙支行,账号:019542354502,纳税人识别号:430101123058702)

[83]加工车间从仓库领用 490 型柴油机铸件 1900 件,485 型柴油机铸件 900 件。领用车刀 30 把,刨刀 4 支,铣刀 10 把,钻头 40 支,镗刀 100 支。(制:领料单)

[84]从花垣矿产品公司采购锰 5 吨,单价为 4 570 元/吨, 采购铬 2 吨,单价为 5 800 元/吨,采购硅 7 吨,单价为 5 100 元/吨。货款已经通过工商银行转账支付,货未收到。(制:转账支票,附:对方增值税发票)

12 月 17 日:

[85]购买神龙公司股票 6 000 股作为短期投资。(每股股价 10 元,佣金 180 元,印花税 60 元)(附:成交过户交割单)

[86]销售给腾达公司 485 型柴油机气缸 500 台,单价 650 元/台,增值税税率为 17%。货已发出合同约定货款 1 个月内付清。(制:增值税发票,产品出库单)(对方开户行:建行衡阳支行,账号:019542354503,纳税人识别号:430404123058703)

[87]铸造车间领用原材料,其中:生铁 107 640 公斤,废钢 70 025. 8 公斤,硅3 169. 4公斤,

焦炭 31 096 公斤，锰 1495 公斤，铬 299 公斤；同时领用辅助材料，其中：复膜沙 91 673.4 公斤，酒精 598 公斤，型砂 134 969 公斤，煤粉 14 232.4 公斤，陶土 7 116.2 公斤。（制：领料单）

［88］机修车间领料，其中：15 公斤装润滑油 40 桶，36 × 1000 传动轴 30 根，8415 轴承 40 副，直径 320 齿轮 20，直径 450 齿轮 15 套。（制：领料单）

12 月 18 日：

［89］开出转账支票从衡阳市劳保用品公司购入工作防护服 80 件，计 8000 元，已入库。（计划价：100 元/件）（制：转账支票，收料单，附：对方发票）

［90］巴基斯坦默哈德机械公司汇入 18 000 美元的预付购货款，根据中国建设银行本外币一本通账户的收款通知，进行相关账务处理。（附：建行外汇收账通知）

［91］退休员工王德海去世，厂领导送去丧葬补贴和慰问金合计 800 元，以现金支付。

［92］向恒利包装箱有限公司订购的 7 000 只 490 气缸木箱，3000 只 485 气缸木箱已经运达本公司，单价分别为 75 元/只和 50 元/只。经验收合格入库，款项暂欠。（附：对方增值税发票，制：收料单）

［93］从花垣矿产品公司采购锰、铬、硅经验收合格入库。（制：收料单）

12 月 19 日：

［94］开出转账支票支付 2015 年度《农机之友》杂志社的广告费 15 000 元。（附：广告费发票，制：转账支票）

［95］报废机床 1 台。（附：固定资产报废单）

［96］销售给振宇公司 490 型柴油机气缸 100 台，485 型柴油机气缸 500 台；单价分别为 680 元/台和 635 元/台，增值税税率为 17%。货已经发出，款项已经入账。（制：增值税发票，产品出库单，附：信汇收账通知）（对方纳税人识别号：430404123058704）

［97］转让包装车间叉车一辆给长沙机械制造有限公司，转让价款约定为 80 000 元，对方持有等额的银行汇票前来本公司结算，现处理本设备的收款业务。（附：设备转让协议；制：增值税专用发票，进账单）（长沙机械制造有限公司开户行：农行长沙支行三分理处，账号为 578012444568，纳税人识别号：430404123058257）

［98］根据“固定资产处置报告单”，处理转让上述设备的账面价值。（附：固定资产处置报告单；制：处置固定资产累计折旧计算表）

［99］利用存出的投资款，购买鼎天投资基金 80 000 元。（附：成交过户交割单买单）

12 月 20 日：

［100］开出现金支票，从中国工商银行提取现金 5 000 元，备用零星开支使用。（制：现金支票，存根记账）

［101］办公室周晓出差借款 4 000 元，以现金支付。（附：借款单）

［102］销售部李亦然到财务部领取定额备用金 4 000，以现金支付。（附：收条）

［103］通过信汇向地震灾区捐款 5000 元。（制：转账支票，附：捐款收据）（中国红十字会基金会开户行：中国银行北京市分行 账号：349356004919）

［104］将报废机床残料买给长江废品再生公司，收现金 750 元，结转清理。（制：收款收据）

［105］包装车间领用 490 气缸木箱 4 000 只，485 气缸木箱 1 500 只。（制：领料单）

［106］从大同煤炭公司采购焦炭 100 吨，单价 1 150 元/吨，对方代付运费 1 000 元，货款

及运费已经通过工商银行汇出。(附:对方增值税发票,运费发票,制:信汇凭证)

12 月 21 日:

[107]加工车间领用工作防护服 50 件,计 5 000 元。(制:领料单)

[108]归还工商银行到期的流动资金借款 50 万元。(附:贷款还款凭证)

[109]销售给五洲公司 490 型柴油机气缸 800 台,485 型柴油机气缸 400 台;单价分别为 690 元/台和 650 元/台,增值税税率为 17%。货已经发出,对方已全额汇款到我公司账户。(制:增值税发票,产品出库单,附:信汇凭证(收账通知))

[110]接受大通公司对本公司的股本投资 500 万元,款项已经汇入工商银行账户。(大通公司开户行:中国银行广东分行天河支行 账号:201075484561584)(附:信汇凭证(收账通知))

[111]铸造车间的铸件完工入库,其中:490 型柴油机铸件 1 900 件,485 型柴油机铸件 700 件。(制:产品入库单)

[112]产成品入库,其中:490 型柴油机气缸 2 000 台,485 型柴油机气缸 1 000 台。(制:产品入库单)

12 月 22 日:

[113]申请取得银行汇票 70 000 元,准备去北京科技大学高新技术产业公司购买专利权。(对方开户行:建行北京市海淀支行五道口储蓄所;账号:11001018700056999)(制:银行汇票申请书)

[114]20 日从大同煤炭公司采购焦炭经验收合格入库。(制:收料单)

[115]银行通知支付本季借款利息。另接银行收账通知,收到九州公司托收承付的货款(附:贷款利息通知单,收账通知)

[116]铸造车间领用原材料,其中:生铁 118 800 公斤,废钢 77 286 公斤,硅 3 498 公斤,焦炭 34 320 公斤,锰 1 650 公斤,铬 330 公斤;同时领用辅助材料,其中:复膜沙 101 178 公斤,酒精 660 公斤,型砂 148 962 公斤,煤粉 15 708 公斤,陶土 7 854 公斤。(制:领料单)

[117]加工车间从仓库领用 490 型柴油机铸件 1 900 件,485 型柴油机铸件 700 件。(制:领料单)

12 月 23 日:

[118]将一张应收长沙星沙有限公司的商业承兑汇票 400 000 元向银行贴现,银行贴现息为年息 3.6%。(制:票据贴现凭证)

[119]开出现金支票,从中国工商银行提取现金 4 000 元,备用零星开支使用。(制:现金支票)

[120]销售给南方拖拉机厂 490 型柴油机气缸 1 000 台,485 型柴油机气缸 500 台;单价分别为 670 元/台和 630 元/台,增值税税率为 17%。产品已发出,对方已经预付 60 万元到我公司的工商银行账户,余款暂欠。(制:增值税发票,产品出库单)(对方开户行:农行衡阳市航建设路分理处,账号:019542354505,纳税人识别号:430404123058705)

[121]腾达公司开出转账支票,支付前欠货款 380 250 元。(制:进账单)

12 月 24 日:

[122]收福娃公司本月设备租金含税价 2 800 元,将转账支票一张送存银行。(制:进账单,增值税专用发票,税率 17%)(福娃公司开户行:农行立新支行;账号:645045651541546;纳

税人识别号:430404123012841)

[123]报销职工医药费 1 494 元。(附:医院收据)

[124]支付办公室餐费 788 元. 汽油费 950 元。(附:餐费发票,汽油发票)

[125]支付排污费 1 400 元。(附:环保局收据;制:转账支票)

12 月 25 日:

[126]办公室周晓报销差旅费 3 948 元,借款余额交回财务部门。(附:差旅费报销单,制:收款收据)

[127]收银行付款通知,本企业签发的应付湘南废品回收公司的商业承兑汇票应到期兑付。(附:托收凭证(付款通知))

[128]销售给丰收公司 490 型柴油机气缸 900 台,单价为 690 元/台,增值税税率为 17%。货已发出,款已经入账。(制:增值税发票,产品出库单,附:信汇凭证(收账通知))(对方纳税人识别号:430404123058706)

[129]包装车间领用 490 气缸木箱 1 600 只,485 气缸木箱 600 只。(制:领料单)

12 月 26 日:

[130]开出转账支票,支付预订下年度的报刊费 1 200 元。(附:报刊费收据;制:转账支票)

[131]销售给爱德公司 490 型柴油机气缸 400 台,485 型柴油机气缸 100 台;单价分别为 690 元/台和 650 元/台,增值税税率为 17%。货已经发出,对方开出期限为三个月的无息银行承兑汇票支付货款。(制:增值税发票,产品出库单)(对方开户行:工行衡阳支行常胜路分理处,账号:019542354507,纳税人识别号:430404123058707)

[132]从北京科技大学高新技术产业公司购入一项专利权 E,价款、税费合计为 70 000 元,以银行汇票支付。(附:对方发票)

[133]以转账支票的方式支付给衡阳市长湖乡土地使用权首期款 100 000 元(合同规定总共应付给该乡 300 000 元)。(附:土地转让合同书,行政事业收据,制:转账支票)

[134]缴纳征用土地的应纳契税 10 000 元给市财政局。(附:契税完税凭证;制:转账支票)

[135]从向东化工厂采购辅助材料酒精 1 000 公斤, 单价 3. 58 元/公斤,货已收到,开出工商银行转账支票支付货款。(制:转账支票, 收料单,附:对方发票)

[136]财产清查中发现:工作防护服账存数为 30 件,实存数为 25 件,盘亏 5 件,单位成本为 100 元/件。(制:财产清查报告)

[137]法院判决我公司支付给华夏公司 9 000 元赔款,我公司不服,准备提起上诉。

[138]公司向“春蕾工程”捐款 2 000 元,已通过银行存款账户划转到湖南省青少年发展基金会账户;(制:信汇凭证(回单),附:捐款收据)(对方开户行:工行长沙支行,账号:019542354500)

[139]铸造车间领用原材料,其中:生铁 11 3220 公斤,废钢 73 655. 9 公斤,硅 3 333. 7 公斤,焦炭 32 708 公斤,锰 1 572. 5 公斤,铬 314. 5 公斤;同时领用辅助材料,其中:复膜沙 96 425. 7公斤,酒精 629 公斤,型砂 141 965 公斤,煤粉 14 970. 2 公斤,陶土 7 485. 1 公斤。(制:领料单)

[140]出售多余生铁 10 吨,每吨 2 300 元,增值税税率 17%,价款存入银行。(制:进账单,增值税发票,材料让售出库单)(对方单位:衡阳首峰拖拉机公司,开户行:衡阳市商业银行

首峰分理处,账号:812114455456,纳税人识别号:430404123012147)

12 月 28 日:

[141]计算本月职工工资。(附:工资结算汇总表)

[142]支付退休人员补助。(附:退休补助发放表)

[143]支付职工困难补助。(附:收条)

[144]将超限额现金 980 元送存银行。(制:现金缴款单)

[145]销售给资江内燃机公司 490 型柴油机气缸 1 000 台,485 型柴油机气缸 300 台;单价分别为 660 元/台和 620 元/台,增值税税率为 17%。货已经发出,款已到账。(附:信汇凭证(收款通知),制:增值税发票,产品出库单)(对方纳税人识别号:430602123058708)

[146]支付电话费、网络使用费 3 958 元。(附:电信发票;制:转账支票)

[147]铸造车间的铸件完工入库,其中:490 型柴油机铸件 1850 件,485 型柴油机铸件 700 件。(制:产品入库单)

[148]产成品入库,其中:490 型柴油机气缸 1400 台,485 型柴油机气缸 542 台。(制:产品入库单)

12 月 29 日:

[149]公司作出对财产清查结果的处理意见。(附:财产清查结果的处理意见)

[150]接到银行划账通知,支付本月的金融机构手续费及凭证费共计 519 元。(附:银行收费收据)

[151]按规定计算本月企业应交的养老保险、工伤保险、失业保险、医疗保险和生育保险以及住房公积金、企业年金。另计提工会经费,职工教育经费。(制:企业五险两金,工会经费,职工教育经费提取计算表)

[152]衡阳市医保中心向我公司委收企业和个人本月应交的医疗保险费。(附:托收凭证(付款通知),医保基金专用收据)

[153]市劳动与社会保障厅社会保险基金管理处向我公司委收企业和个人本月应交的养老保险费。(附:托收凭证(付款通知),社保基金专用收据)

[154]开出转账支票,支付衡阳市住房公积金管理处委收企业和个人本月应交的住房公积金。(附:住房公积金专用收据,制:转账支票)

[155]支付诉讼费 2 000 元。(附:诉讼费收据;制:转账支票)

[156]加工车间从仓库领用 490 型柴油机铸件 500 件,485 型柴油机铸件 100 件。(制:领料单)

[157]从中国石油衡阳分公司采购 15 公斤装润滑油 50 桶,单价 75 元/桶。货已经验收入库,开出工商银行现金支票支付。(制:收料单,现金支票;附:对方发票)

12 月 30 日:

[158]摊销无形资产价值。(制:无形资产摊销表)

[159]计提本月国库券利息收入(每张面值 1000 元,总面值 500 000 元,平价发行,发行日为 2015 年 11 月 15 日,购买日 11 月 20 日,该国库券期限 3 年,年利率为 6.98%,到期一次还本付息)。(制:持有至到期投资利息收益计算表)

[160]计提本月长期借款利息(期初的 28 000 000 元长期借款均为去年 11 月借入的,期限为 3 年,年利息率为 8.34%,每月付利息一次)。(制:长期借款利息计算表)

[161]结转发出材料的成本及其差异。(制:发出材料成本差异计算表)

[162]接银行的电费付款通知及水费付款通知,付款并根据用电统计表分配电费。(附:付款通知,电费发票,用电统计表)。

[163]接银行的水费付款通知,付款并根据用水统计表分配水费。(附:付款通知,水费发票,用水统计表)

[164]将"应付职工薪酬——职工福利"结转为零,全部冲减本期管理费用。

[165]计提固定资产折旧。(制:固定资产折旧提取计算表)

[166]计提固定资产减值准备。(通过减值测试发现,加工车间2台F774型冲床发生减值,每台的购置成本为307 395元,预计使用年限为15年,已经使用2年,采用年限平均法计提折旧。减值测试表明,其可收回金额为每台11万元,折旧年限为5年,残值为5%)。(制:固定资产减值准备提取计算表)

[167]分配辅助生产成本。其中:机修车间为加工车间服务300小时,为管理部门服务300小时。(制:费用分配表)

12月31日:

[168]分配结转制造费用。(制:费用分配表)

[169]自制半成品入库并结转,结转本月完工产品成本。(制:完工产品成本计算表)

[170]结转本月主营业务成本。(制:主营业务成本计算表)

[171]计提本月应缴纳的增值税、营业税、城市维护建设税和教育费附加。(制:应交增值税计算表、应交营业税计算表、应交城建税计算表、应交教育费附加计算表)

[172]将多栏式明细账中的"应交增值税"结转为零,结转到三栏式明细账"应交税费——未交增值税"中。

[173]计提坏账准备(采用应收账款余额百分比法计提,比例为3%)。(制:坏账准备提取计算表)

[174]确认本公司持有的股票、基金的公允价值变动损益。其中:12月31日神龙公司的股票收盘价为29.85元/股;鼎天基金的总市值为75 000元。(制:公允价值变动损益计算表)

[175]据被本公司控股公司蓝天制造有限公司年终财务报告披露,该公司全年实现净利润90 000元。已知至2015年11月底,本公司持有蓝天公司股份的30%。该公司的所得税率为25%。

[176]结转收入和费用账户余额。

[177]计算本月应交所得税,并转入本年利润账户。

[178]结转全年实现的利润。

[179]提取法定盈余公积金,并向投资者分配利润。

[180]将"利润分配"各明细账户的余额转入"利润分配——未分配利润"明细分类账户。

[181]与银行对账。(附:银行对账单)

[182]结算日记账、总账和各明细分类账本期发生额和期末余额。

[183]总账与日记账、各明细分类账核对。

[184]编制会计报表。(附:三张主要会计报表)

[185]编写会计报表附注。

[186]编写财务分析报告。

第四章　模拟实验处理各类经济业务基础资料

第一节　存货核算的基础资料

一、产品售价表（见表1.3－1）

表1.3－1　　产品售价表　　单位：元

产品名称	计量单位	单位售价
490柴油机气缸	台	670
485柴油机气缸	台	610

二、材料计划价格目录（见表1.3－2）

表1.3－2　　材料计划价格目录表　　单位：元

材料类别	品名	规格	计量单位	计划单价
原材料及主要材料（含燃料）	生铁		吨	2 200
	废钢		吨	2 100
	硅		吨	5 200
	焦炭		吨	1 200
	锰		吨	4 500
	铬		吨	5 800
辅助材料	复膜砂		吨	950
	酒精		公斤	3.67
	型砂		吨	140
	煤粉		吨	630
	陶土		吨	1 060

材料类别	品名	规格	计量单位	计划单价
低值易耗品	车刀	10×10	把	120
	刨刀	610×38×6	支	10
	铣刀	1－32	把	20
	钻头	直径:D03.2 全长:38	支	12
	镗刀	VC1103	支	495
包装物	490 气缸木箱		只	75
	485 气缸木箱		只	50
修理用材料	润滑油	15 公斤装	桶	75
	传动轴	36×1000	根	364
	轴承	8415	副	40
	齿轮	直径 320	套	410
	齿轮	直径 450	套	680

第二节　工资核算的基础资料

一、朝阳车用柴油机配件有限公司工资核算原则

(1)本实验工资具体核算只涉及管理部门、机修车间和销售部,基本生产车间由于人员多,在此就不要求进行具体核算,其职工工资总额(即应付工资)及有关代扣款项见基本车间工人工资结算单。

(2)职工薪酬的内容:根据本企业的实际情况,职工薪酬主要包括以下内容"工资"、"职工福利"、"社会保险费"、"住房公积金"、"工会经费"、"职工教育经费"。不包括"非货币性福利"、"辞退福利"、"股份支付"。

(3)日工资按月工资除以 21 天计算,月工资由标准工资、奖金、津贴和补贴构成,形成企业的职工工资总额。满勤天数(21 天)＝出勤天数＋病假天数＋事假天数。出勤天数中包含夜班天数。

(4)病、事假应扣工资均以日工资为基础计算。加班工资按日工资的 1.5 倍发放;病假工资按规定的比例发放。夜班另发津贴每天 10 元。

(5)6 个月以内病假期间工资袋运的有关规定,如表 1.3－3 所示。

表 1.3－3　**6 个月以内病假期间工资待遇表**

工龄(Y 年)	Y＜2	2≤Y＜4	4≤Y＜6	6≤Y＜8	Y≥8
病假工资扣除比例	40%	30%	20%	10%	0

(6)职工个人工资总额(即应付工资)＝月工资＋夜班天数×10＋加班天数×日工资×1.5－病假天数×日工资×规定扣除比例－事假天数×日工资。

（7）个人应交纳的住房公积金、各项保险和企业年金，按以下标准计提：

住房公积金按本人月工资9%计提。

失业保险按本人月工资1%计提。

医疗保险按本人月工资2%计提。

养老保险按本人月工资8%计提。

企业年金按本人月工资4%计提。

（8）社会保险、企业年金、住房公积金分别按职工工资卡上的月工资总额的30.6%（即失业保险2%、医疗保险7%、养老保险20%、工伤保险1%、生育保险0.6%）、8%和9%计提计入相关成本费用。

（9）职工福利、工会经费、职工教育经费分别按月工资总额的14%、1%、1.5%计提计入相关成本费用。

（10）个人所得税以3 500元为基数，每个职工工资超基数，在1 500元以内按3%计缴，超1 500～4 500元按10%计缴，超4 500元至9 000元的按20%计缴。计税基数＝职工工资总额－职工个人所交纳的住房公积金和三项保险费。

（11）代扣的个人所得税计入“应交税费”，代扣职工水电费计入“其他应付款”，代扣职工三险一金按规定计入“应付职工薪酬——应付社会保险”及“应付职工薪酬——应付住房公积金”。

二、职工工资卡片（见表1.3－4）

表1.3－4　　**职工工资卡片**　　**单位：元**

姓名	工龄	职务	标准工资	奖金	津贴	补贴	月工资	备注
管理部门								
朱向群	30	董事长	4000	420	480	3000	7900	
周千里	22	总经理	3000	420	480	2000	5900	
李倩	20	副总经理	2500	420	480	1500	4900	
胡正奇	21	副总经理	2500	420	480	1500	4900	
熊娟	18	副总经理	2500	420	480	1500	4900	
何琴	15	副总经理	2500	420	480	1500	4900	
刘林	12	副总经理	2500	420	480	1500	4900	
肖潇	14	副总经理	2500	420	480	1500	4900	
王慧	12	副总经理	2500	420	480	1500	4900	
余森霞	10	副总经理	2500	420	480	1500	4900	
易宁宇	10	副总经理	2500	420	480	1500	4900	
胡林立	10	财务经理	2000	420	480	1000	3900	

姓名	工龄	职务	标准工资	奖金	津贴	补贴	月工资	备注
刘彦	10	财务副理	2000	420	480	1000	3900	
李红	10	人资部	2000	420	480	1000	3900	
何湘君	10	人资部	2000	420	480	1000	3900	
董泽文	10	人资部	2000	420	480	1000	3900	
林莉莉	10	人资部	2000	420	480	1000	3900	
潘慧	10	人资部	2000	420	480	1000	3900	
蒋蕾	10	人资部	1600	420	480	1000	3500	
管宇	10	人资部	1600	420	480	1000	3500	
邓思帆	9	中层干部	1600	420	480	1000	3500	
钟华	9	中层干部	1600	420	480	1000	3500	
吴锦羽	8	中层干部	1600	420	480	1000	3500	
胡媛媛	8	中层干部	1600	420	480	1000	3500	
陈娜	7	中层干部	1600	420	480	1000	3500	
罗楠	7	中层干部	1600	420	480	1000	3500	
喻寅寅	7	中层干部	1600	420	480	1000	3500	
李慧	5	管理人员	1200	420		300	1920	
李骊珠	5	管理人员	1200	420		300	1920	
龙洁	5	管理人员	1200	420		300	1920	
许琴	5	管理人员	1200	420		300	1920	
刘丹	5	管理人员	1200	420		300	1920	
王珏	5	管理人员	1200	420		300	1920	
李尊华	5	管理人员	1200	420		300	1920	
韦克林	5	管理人员	1200	420		300	1920	
宋定胜	5	管理人员	1200	420		300	1920	
汪冀湘	5	管理人员	1200	420		300	1920	
姜雷	5	管理人员	1200	420		300	1920	
郭树强	5	管理人员	1200	420		300	1920	
王骁	5	管理人员	1200	420		300	1920	

姓名	工龄	职务	标准工资	奖金	津贴	补贴	月工资	备注
戴志红	5	管理人员	1200	420		300	1920	
何兆峰	5	管理人员	1200	420		300	1920	
翁洪波	5	管理人员	1200	420		300	1920	
蒋闯	5	管理人员	1200	420		300	1920	
胡勇	3	管理人员	1000	420		300	1720	
李尧青	3	管理人员	1000	420		300	1720	
徐航美	3	管理人员	1000	420		300	1720	
王晶	3	管理人员	1000	420		300	1720	
曾文文	3	管理人员	1000	420		300	1720	
曹蓓蕾	3	管理人员	1000	420		300	1720	
蔡玲	3	管理人员	1000	420		300	1720	
谢湘晨	3	管理人员	1000	420		300	1720	
谢曲	3	管理人员	1000	420		300	1720	
徐燕	3	管理人员	1000	420		300	1720	
杨娟	3	管理人员	1000	420		300	1720	
何珺	3	管理人员	1000	420		300	1720	
王玲	1	管理人员	1000	420		300	1720	
舒婷	1	管理人员	1000	420		300	1720	
刘赟	1	管理人员	1000	420		300	1720	
罗珊	1	管理人员	1000	420		300	1720	
刘恋	1	管理人员	1000	420		300	1720	
胡明哲	1	管理人员	1000	420		300	1720	
袁慧琳	3	管理人员	700	420		250	1370	
黄颖莎	3	管理人员	700	420		250	1370	
机修车间								
黄军华	26	车间主任	2000	420	480	1000	3900	
钟仁键	24	副主任	1200	420	480	500	2600	
蒋小亮	22	副主任	1200	420	480	500	2600	

姓名	工龄	职务	标准工资	奖金	津贴	补贴	月工资	备注
钟正芝	16	修理工	700	420		300	1420	
陈波	18	修理工	700	420		300	1420	
李炎	12	修理工	700	420		300	1420	
全宏斌	15	修理工	700	420		300	1420	
刘勉	14	修理工	700	420		300	1420	
唐凌波	10	修理工	700	420		300	1420	
唐云勇	11	修理工	700	420		300	1420	
丁黄兴	9	修理工	700	420		300	1420	
赵丽	8	修理工	700	420		300	1420	
刘康明	8	修理工	700	420		200	1320	
谭勇群	7	修理工	700	420		200	1320	
匡荣韬	7	修理工	700	420		200	1320	
许永正	7	修理工	700	420		200	1320	
孙理斌	7	修理工	700	420		200	1320	
唐定文	5	修理工	700	420		200	1320	
惠晓东	5	修理工	700	420		200	1320	
黄毅	5	修理工	700	420		200	1320	
郑波	3	修理工	700	420		200	1320	
王珊珊	3	修理工	700	420		200	1320	
王慧媛	1	修理工	700	420		200	1320	
庄艳丽	1	修理工	700	420		200	1320	
销售部								
李亦然	10	销售经理	2600	420	480	1000	4500	
黄高健	9	销售经理	2600	420	480	1000	4500	
张赛君	8	销售经理	2600	420	480	1000	4500	
程浩	8	销售经理	2600	420	480	1000	4500	
胡朋哲	3	销售员	1000	420		500	1920	
欧琳	3	销售员	1000	420		500	1920	

姓名	工龄	职务	标准工资	奖金	津贴	补贴	月工资	备注
杨丽莎	3	销售员	1000	420		500	1920	
欧阳家	3	销售员	1000	420		500	1920	
钱浩飞	3	销售员	1000	420		500	1920	
戴梦江	3	销售员	1000	420		500	1920	
徐静	3	销售员	1000	420		500	1920	
钱丽颖	1	销售员	1000	420		500	1920	
陶哲哲	1	销售员	1000	420		500	1920	
赵友莎	1	销售员	1000	420		500	1920	

三、考勤统计表(见表 1.3－5)

表 1.3－5　　考勤统计表　　单位：天

姓名	职务	出勤	加班	夜班	病假	事假	
管理部门							
朱向群	董事长	21	2				
周千里	总经理	21	2				
李倩	副总经理	21	2				
胡正奇	副总经理	20				1	
熊娟	副总经理	19			1	1	
何琴	副总经理	19				2	
刘林	副总经理	21	1				
肖潇	副总经理	19	2		2		
王慧	副总经理	19				2	
余森霞	副总经理	19			1	1	
易宁宇	副总经理	21	1				
胡林立	财务经理	21					
刘彦	财务副理	21					
李红	人资部	21					

姓名	职务	出勤	加班	夜班	病假	事假	
何湘君	人资部	21	1				
董泽文	人资部	21					
林莉莉	人资部	21					
潘慧	人资部	21	2				
蒋蕾	人资部	21					
管宇	人资部	21	2				
邓思帆	中层干部	21					
钟华	中层干部	21					
吴锦羽	中层干部	20			1		
胡媛媛	中层干部	20			1		
陈娜	中层干部	21					
罗楠	中层干部	21					
喻寅寅	中层干部	19	1		2		
李慧	管理人员	21					
李骊珠	管理人员	21					
龙洁	管理人员	21	1				
许琴	管理人员	21					
刘丹	管理人员	21					
王珏	管理人员	21					
李尊华	管理人员	20			1		
韦克林	管理人员	21					
宋定胜	管理人员	21					
汪冀湘	管理人员	21					
姜雷	管理人员	21					
郭树强	管理人员	21	1				
王骁	管理人员	21					
戴志红	管理人员	21					
何兆峰	管理人员	21					

姓名	职务	出勤	加班	夜班	病假	事假	
翁洪波	管理人员	21					
蒋闯	管理人员	20				1	
胡勇	管理人员	20				1	
李尧青	管理人员	20	2			1	
徐航美	管理人员	20				1	
王晶	管理人员	20				1	
曾文文	管理人员	20	1			1	
曹蓓蕾	管理人员	20				1	
蔡玲	管理人员	20				1	
谢湘晨	管理人员	20	2			1	
谢曲	管理人员	20				1	
徐燕	管理人员	20				1	
杨娟	管理人员	20				1	
何珺	管理人员	20				1	
王玲	管理人员	20	2			1	
舒婷	管理人员	20			1		
刘赟	管理人员	20			1		
罗珊	管理人员	20			1		
刘恋	管理人员	20			1		
胡明哲	管理人员	20			1		
袁慧琳	管理人员	21		2			
黄颖莎	管理人员	21		2			
机修车间							
黄军华	车间主任	21	2				
钟仁键	副主任	21	2				
蒋小亮	副主任	21	2				
钟正芝	修理工	20	1	2		1	
陈波	修理工	20	1	2		1	

姓名	职务	出勤	加班	夜班	病假	事假	
李炎	修理工	20	1	2		1	
全宏斌	修理工	20	1	2		1	
刘勉	修理工	20	1	2		1	
唐凌波	修理工	20	1	2		1	
唐云勇	修理工	20	1	2		1	
丁黄兴	修理工	20	1	2		1	
赵丽	修理工	20	1	2		1	
刘康明	修理工	20	1	2		1	
谭勇群	修理工	20	1	2		1	
匡荣韬	修理工	20	1	2		1	
许永正	修理工	20	1	2		1	
孙理斌	修理工	20	1	2		1	
唐定文	修理工	21	1	2			
惠晓东	修理工	21	1	2			
黄毅	修理工	21	1	2			
郑波	修理工	21	1	2			
王珊珊	修理工	21	1	2			
王慧媛	修理工	20	1	2	1		
庄艳丽	修理工	21	1	2			
				销售部			
李亦然	销售经理	21		2			
黄高健	销售经理	21		2			
张赛君	销售经理	21		2			
程浩	销售经理	21		2			
胡朋哲	销售员	20	1		1		
欧琳	销售员	20			1		
杨丽莎	销售员	20				1	
欧阳家	销售员	20	1			1	

姓名	职务	出勤	加班	夜班	病假	事假	
钱浩飞	销售员	20				1	
戴梦江	销售员	20	1			1	
徐静	销售员	20				1	
钱丽颖	销售员	20	2			1	
陶哲哲	销售员	20				1	
赵友莎	销售员	20				1	

四、代扣款项通知单(见表1.3－6)

表1.3－6　　代扣款项通知单　　单位:元

姓名	代扣款项		姓名	代扣款项	
	水费	电费		水费	电费
管理部门					
朱向群	30	300	王珏	20	200
周千里	28	280	李尊华	20	200
李倩	22	220	韦克林	20	200
胡正奇	20	200	宋定胜	20	200
熊娟	20	200	汪冀湘	20	200
何琴	20	200	姜雷	20	200
刘林	20	200	郭树强	20	200
肖潇	20	200	王骁	20	200
王慧	20	200	戴志红	20	200
余森霞	20	200	何兆峰	20	200
易宁宇	20	200	翁洪波	20	200
胡林立	20	200	蒋闯	20	200
刘彦	20	200	胡勇	20	200
李红	20	200	李尧青	20	200
何湘君	20	200	徐航美	20	200
董泽文	20	200	王晶	20	200
林莉莉	20	200	曾文文	20	200
潘慧	20	200	曹蓓蕾	20	200
蒋蕾	20	200	蔡玲	20	200
管宇	20	200	谢湘晨	20	200
邓思帆	20	200	谢曲	20	200

姓名	代扣款项		姓名	代扣款项	
	水费	电费		水费	电费
钟华	20	200	徐燕	20	200
吴锦羽	20	200	杨娟	20	200
胡媛媛	20	200	何珺	20	200
陈娜	20	200	王玲	20	200
罗楠	20	200	舒婷	20	200
喻寅寅	20	200	刘赟	20	200
李慧	20	200	罗珊	20	200
李骊珠	20	200	刘恋	20	200
龙洁	20	200	胡明哲	20	200
许琴	20	200	袁慧琳	20	200
刘丹	20	200	黄颖莎	20	200
管理部门小计				1300	13 000
机修车间					
黄军华	20	200	刘康明	16	100
钟仁键	20	200	谭勇群	16	100
蒋小亮	20	200	匡荣韬	16	100
钟正芝	16	100	许永正	16	100
陈波	16	100	孙理斌	16	100
李炎	16	100	唐定文	16	100
全宏斌	16	100	惠晓东	16	100
刘勉	16	100	黄毅	16	100
唐凌波	16	100	郑波	16	100
唐云勇	16	100	王珊珊	16	100
丁黄兴	16	100	王慧媛	16	100
赵丽	20	100	庄艳丽	16	100
机修车间小计				400	2 700
销售部					
李亦然	10	100	欧阳家	10	100
黄高健	10	100	钱浩飞	10	100
张赛君	10	100	戴梦江	10	100
程浩	10	100	徐静	10	100
胡朋哲	10	100	钱丽颖	10	100
欧琳	10	100	陶哲哲	10	100
杨丽莎	10	100	赵友莎	10	100
销售部小计				140	1 400
三部门合计				1 840	17 100

五、12 月份基本生产车间职工工资及代扣款项汇总表(见表 1.3 -7)

表 1.3 -7　　12 月份基本生产车间职工工资及代扣款项汇总表　　单位:元

车间类别及人数	人员类别	月工资	夜班津贴	加班工资	病假应扣	事假应扣	应付工资
铸造车间(158 人)	车间管理人员	20 000	500	500	100	100	20 800
	车间生产人员	274 230	2 000	1 000	600	400	276 230
加工车间(218 人)	车间管理人员	30 000	600	400	50	150	30 800
	车间生产人员	327 370	3 000	2 000	800	400	331 170
包装车间(33 人)	车间管理人员	6 000	400	200	70	30	6 500
	车间生产人员	45 156	1 200	1 000	400	600	46 356

车间类别及人数	人员类别	代扣款项							
		养老保险	失业保险	医疗保险	住房公积金	企业年金	个税	水费	电费
铸造车间(158 人)	车间管理人员	1600	200	400	1800	800	750	200	2 000
	车间生产人员	21938	2742	5485	24681	10969	0	1 860	18 600
加工车间(218 人)	车间管理人员	2400	300	600	2700	1200	1 500	400	4 000
	车间生产人员	26190	3274	6547	29463	13095	0	1 800	18 000
包装车间(33 人)	车间管理人员	480	60	120	540	240	375	100	100
	车间生产人员	3612	452	903	4064	1806	0	810	8 100
合计		56220	7028	14055	63248	28110	2625	5 170	50 800

第三节　模拟企业纳税的基础资料

一、应交增值税

(1)模拟企业为一般纳税人,其产品销售和材料转让均需要交纳增值税,其产品销售和材料转让的增值税率为均 17%。

(2)模拟企业的进项税额应按供货方出示的发票单证的增值税额确认,但购进的工程物资增值税不得计入“进项税额”。

(3)模拟企业外购应税项目的物资报支付的运输费用,可按运输费用总额的7%计算进项税额。

(4)非应税项目或免税产品所耗费的外购项目,应进行“进项税额转出”,将其成本调整为含税成本。其公式为:

未交纳增值税项目应转出进项税额 = 其所耗费的外购项目金额 × 增值税税率

(5)让售产品或物资,若为含税价,应进行价税分离。

不含税价 = 含税价 ÷(1 + 增值税税率)

增值税额 = 含税价 - 不含税价

二、应交房产税

房产税按房屋类固定资产的月初原值扣减30%后的余值,以年税率1.2%分月预提,按季缴纳,其中:职工住房可减征50%的房产税。

三、应交土地使用税

土地使用税 = 企业占地面积 × 适用税率,分月预提,按季缴纳。

模拟企业占地面积60 000平方米,每平方米的税率0.5元。

四、应交城市建设维护税

城市建设维护税按当期实际应交纳增值税税额为基数计算,适用税率为7%。

五、应交教育费附加

应交教育费附加的收入项目、计缴基数与城市建设维护税相同,适用税率3%。

六、应交所得税

(1)企业应交所得税以企业所得税前会计利润按照税法规定作相应调整后的“应纳税所得额”为基数。

(2)模拟企业的所得税率为25%。

(3)本实验所涉及的调整项目及相关数据资料如下:

①工资。可税前列支的企业工资年额公式为

可税前列支的企业工资年额 = 该企业年任职及雇佣员工月平均人数 × 当地政府确定的人均月计税工资标准 × 12

模拟企业年任职及雇佣员工月平均人数为506人。

当地政府确定的人均月计税工资标准为2 000元。

②职工福利费、职工教育经费、工会经费。可税前列支的三项费用公式为

可税前列支的三项费用 = 可税前列支的企业工资年额 × 规定的计提比例

规定的计提比例:职工福利费14%、职工教育经费1.5%、工会经费2%。

③业务招待费。根据税法的有关规定,内资企业业务招待费税前扣除标准为:全年销售(营业)收入净额在1 500万元及其以下的,不超过销售(营业)收入净额的0.5%;全年销售(营业)收入净额超过1 500万元的部分,不超过该部分的0.3%。其中,销售(营业)收入包括

主营业务收入和其他业务收入。

④广告费。根据税法的有关规定，纳税企业每一纳税年度的广告费支出在规定的比例范围内，据实扣除，超过标准的部分不得扣除。

可税前列支的广告费 = 企业全年度销售净额 × 规定比例

本实验确定的扣除比例为3%。

⑤捐赠、罚款支出。根据《企业所得税法暂行条例》第六条、第七条规定，如为公益性捐赠支出可以税前扣除，但扣除不得超过当年利润额的12%，如为非公益性捐赠支出则不可以税前扣除；罚款支出不得税前扣除。

第四节 其他经济业务的基础资料

一、模拟企业差旅费报销的相关规定

（1）职工出差经批准乘坐的各种交通工具费用及与出差相关的各种杂费可据实报销。

（2）职工夜间乘车未坐卧铺，连续时间在6小时以上，可按票价的60%计发夜间乘车补助。

（3）职工出差，每天给予20元伙食费补贴。

（4）职工出差，每天给予6元交通补助，不再报销出差地市内交通费。

（5）职工的住宿费，实行定额包干办法。其中，高层管理人员住宿费每天100元；中层管理人员住宿费每天80元；一般人员住宿费每天60元。可计算的住宿天数以实际应住天数为准。

二、银行借款利息率及贴现率

工商银行短期借款月利息率为0.45%。

工商银行长期借款月利息率为0.6%。

工商银行贴现月利息率为0.6%。

预提应付银行利息按算头不算尾方法进行。

三、无形资产摊销期限

商标使用权摊销期限5年；土地使用权摊销期限50年。

四、模拟企业利润分配的基础资料

（1）法定盈余公积计提比例为10%，以本年净利润为基数。

（2）按提取的盈余公积之后全部剩余利润的70%对投资者分配股利（按投资比例分配）。

第五章 编制会计报告的资料

第一节 模拟企业会计报告和财务评价的有关历史及计划资料

1. 本年度有关平均指标计算所需要的资料(见表1.4－1)

表1.4－1 本年度有关平均指标资料表

时间	资产总计余额	流动资产合计余额	应收账款余额	存货余额
1月初	119 247 992.25	11 741 900.00	1 206 848.42	5 740 250.15
2月末	108 205 334.88	11 560 380.36	1 117 649.59	5 260 156.23
3月末	121 212 982.31	11 935 251.88	1 201 857.49	5 635 152.44
4月末	123 247 742.27	12 010 479.17	1 317 978.66	5 785 375.37
5月末	124 104 380.74	12 164 370.87	1 427 549.72	5 830 225.25
6月末	126 208 440.33	12 340 759.94	1 554 728.46	5 951 385.50
7月末	127 347 743.22	12 461 353.59	1 605 347.92	6 405 250.10
8月末	128 207 972.45	12 577 331.84	1 627 748.32	6 573 231.44
9月末	127 707 902.38	12 698 154.61	1 666 955.89	6 630 237.75
10月末	128 212 944.47	12 878 023.24	1 699 348.61	6 700 257.35
11月末	129 779 758.00	13 009 816.00	1 656 566.00	6 740 240.00

2. 上年度各项经济指标实现情况与同行业先进水平(见表1.4－2)

表1.4－2 上年度各项经济指标实现情况与同行业先进水平表

指标名称	实现情况	同行业先进水平	指标名称	实现情况	同行业先进水平
资产负债率	38.58%	45.00%	资本收益率	3.48%	4.64%
流动比率	52.45%	101.00%	销售利润率	3.27%	6.90%
速动比率	26.12%	45.50%	资本保值增值率	100.00%	105.00%
应收账款周转率	10 021.54%	500.00%			
存货周转率	1 649.32%	539.00%			

三、制造费用本年计划数与上年实际数(见表1.4-3)

表1.4-3 制造费用本年计划表与上年实际数

费用项目	本年计划数	上年实际数
工资	800 000	793 100
直接其他费	600 000	555 170
折旧费	3 700 000	3 614 973
修理费	750 000	746 373
办公费	1 400 000	1 427 580
水电费	11 000 000	10 993 701
劳动保护费	1 180 000	1 189 650
机务料消耗	180 000	180 749
低值易耗品费	300 000	295 173
运输费	165 000	166 557
其他	100 000	94 434
合计	20 175 000	20 057 460

四、管理费用本年计划数与上年实际数(见表1.4-4)

表1.4-4 管理费用本年计划数与上年实际数表

费用项目	本年计划数	上年实际数	费用项目	本年计划数	上年实际数
董事会会费	260 000	261 000	税金	100 000	96 000
职工薪酬	4 000 000	3 978 214.23	工会经费	60 000	62 000
办公费	700 000	723 247	业务招待费	1 000 000	1 034 569.12
差旅费	800 000	834 945.38	无形资产摊销	200 000	185 000
折旧费	580 000	573 569	各项准备	410 000	408 950
水电费	300 000	310 698	其他	700 000	723 000
保险费	160 000	159 486.31	合计	9 270 000	9 350 679.04

五、销售费用、财务费用本年计划数与上年实际数(见表1.4-5)

表1.4-5 销售费用、财务费用本年计划数与上年实际数表

营业费用			财务费用		
项目	本年计划数	上年实际数	项目	本年计划数	上年实际数
广告费	4 000 000	3 900 000	利息净支出	3 500 000	3 650 000
运输费	1 700 000	1 733 200	金融机构手续费	90 000	93 000
展销费	2 000 000	2 010 900	汇兑损益		
保险费	80 000	79 000	现金折扣		
其他	40 000	39 809			
合计	7 820 000	7 762 909		3 590 000	3 743 000

第二节　模拟企业上期的主要会计报表

一、资产负债表(见表1.4－6)

表1.4－6　　资产负债表

会企01表

编制单位:湖南朝阳车用柴油机配件有限责任公司　　2015年11月30日　　单位:元

资　产	行次	期末余额	年初余额	负债和所有者权益(或股东权益)	行次	期末余额	年初余额
流动资产:	1			流动负债:	34		
货币资金	2	2 088 010.00	1 990 010.00	短期借款	35	13 500 000.00	15 031 566.00
交易性金融资产	3	300 000.00	150 000.00	交易性金融负债	36		
应收票据	4	1 450 000.00	2 000 000.00	应付票据	37	2 000 000.00	1 890 000.00
应收账款	5	1 656 566.00	970 000.00	应付账款	38	3 476 308.00	3 339 870.00
预付款项	6	605 000.00	593 000.00	预收款项	39	600 000.00	506 000.00
应收利息	7			应付职工薪酬	40	908 000.00	890 000.00
应收股息	8	20 000.00	25 000.00	应交税费	41	800 200.00	730 010.00
其他应收款	9	150 000.00	120 000.00	应付利息	42		
存货	10	6 740 240.00	5 893 890.00	应付股利	43		
一年内到期的非流动资产	11			其他应付款	44		
其他流动资产	12			一年内到期的非流动负债	45		
流动资产合计	13	13 009 816.00	11 871 900.00	其他流动负债	46		
非流动资产:	14			流动负债合计	47	21 448 528.00	22 387 446.00
可供出售金融资产	15			非流动负债:	48		
持有至到期投资	16	500 000.00	390 000.00	长期借款	49	28 000 000.00	26 000 000.00
长期应收款	17			应付债券	50		
长期股权投资	18	680 000.00	589 000.00	长期应付款	51		
投资性房地产	19			专项应付款	52		2 681 141.50
固定资产	20	111 055 842.00	109 199 002.00	预计负债	53		
在建工程	21	2 860 000.00	1 808 000.00	递延所得税负债	54		7 500.00
工程物资	22	694 100.00	682 008.00	其他非流动负债	55		
固定资产清理	23			非流动负债合计	56	28 000 000.00	26 000 000.00

资　产	行次	期末余额	年初余额	负债和所有者权益（或股东权益）	行次	期末余额	年初余额
生产性生物资产	24			负债合计	57	49 284 508.00	48 387 446.00
油气资产	25			所有者权益(或股东权益)：	58		
无形资产	26	980 000.00	990 000.00	实收资本（或股本）	59	60 000 000.00	60 000 000.00
开发支出	27			资本公积	60	8 583 250.50	8 458 763.50
商誉	28			减:库存股	61		
长摊待摊费用	29			盈余公积	62	7 352 000.00	4 670 858.50
递延所得税资产	30	39 533.50	29 225.00	未分配利润	63	4 560 000.00	1 223 425.50
其他非流动资产	31			所有者权益(或股东权 益)合计	64	80 495 250. 00	77 034 189.00
非流动资产合计	32	116 809 475.50	113 678 235.00		65		
资产总计	33	129 779 758.00	125 429 135.00	负债和所有者(或股东权 益)合计	66	129 819 291.50	125 429 135.00

二、利润表(见表 1.4－7)

表 1.4－7　　利润表

会企 02 表

编制单位:湖南朝阳车用柴油机配件有限责任公司　　2015 年 11 月　　单位：元

项　目	行次	本年 1－11 月累计金额	上年累计金额
一、营业收入	1	89 625 400.00	97 208 970.00
减:营业成本	2	69 200 215.00	70 697 959.00
营业税金及附加	3	2 208 224.00	2 500 000.00
销售费用	4	2 254 558.00	7 762 909.00
管理费用	5	8 935 830.00	9 350 679.04
财务费用	6	2 263 750.00	3 743 000.00
资产减值损失		21 234.00	56 700.00
加:公允价值变动收益(损失以“－”号填列)	8	－50 000.00	37 000.00
投资收益(损失以“－”号填列)	9	31 400.00	90 000.00
其中:对联营企业和合营企业的投资收益	10		30 000.00
二、营业利润(亏损以“－”号填列)	11	4 722 989.00	3 177 522.96
加:营业外收入	12	244 177.00	19 000.00

项 目	行次	本年1－11月累计金额	上年累计金额
减:营业外支出	13	518 400.00	21 400.00
其中:非流动资产处置损失	14		
三、利润总额(亏损总额以"－"号填列)	15	4 448 766.00	3 175 122.96
减:所得税费用	16	1 112 191.50	793 780.74
四、净利润(净亏损以"－"号填列)	17	3 336 574.50	2 381 342.22
五、每股收益:	18		
(一)基本每股收益	19		
(二)稀释每股收益	20		

三、现金流量表(见表1.4－8)

表1.4－8 **现金流量表**

会企03表

编制单位:湖南朝阳车用柴油机配件有限责任公司 2015年11月 单位: 元

项 目	行次	本期金额	上期金额
一、经营活动产生的现金流量:	1		
销售商品、提供劳务收到的现金	2	105 388 320.00	118 208 971.00
收到的税费返还	3		
收到其他与经营活动有关的资金	4		
经营活动现金流入小计	5	105 388 320.00	118 208 971.00
购买商品、接受劳务支付的现金	6	75 309 108.00	85 690 959.00
支付给职工以及为职工支付的现金	7	5 148 166.00	5 340 123.00
支付的各项税费	8	8 651 654.00	8 370 900.00
支付其他与经营活动有关的现金	9	6 720 690.00	7 234 908.00
经营活动现金流出小计	10	95 829 618.00	106 636 890.00
经营活动产生的现金流量净额	11	9 558 702.00	11 572 081.00
二、投资活动产生的现金流量:	12		
收回投资收到的现金	13	300 000.00	360 000.00
取得投资收益收到的现金	14	36 400.00	63 000.00
处置固定资产、无形资产和其他长期资产收回的现金净额	15	286 500.00	69 000.00
处置子公司及其他营业单位收到的现金净额	16		
收到其他与投资活动有关的现金	17		
投资活动现金流入小计	18	622 900.00	492 000.00
购建固定资产、无形资产和其他长期资产支付的现金	19	7 751 306.00	4 170 000.00
投资支付的现金	20	701 000.00	600 000.00

项 目	行次	本期金额	上期金额
取得子公司及其他营业单位支付的现金净额	21		
支付其他与投资活动有关的现金	22		
投资活动现金流出小计	23	8 452 306.00	4 770 000.00
投资活动产生的现金流量净额	24	-7 829 406.00	-10 709 010.00
三、筹资活动产生的现金流量:	25		
吸收投资收到的现金	26		
取得借款收到的现金	27	2 000 000.00	2 800 000.00
收到其他与筹资活动有关的现金	28		200 000.00
筹资活动现金流入小计	29	2 000 000.00	3 000 000.00
偿还债务支付的现金	30	1 531 566.00	1 009 000.00
分配股利、利润或偿付利息支付的现金	31	2 099 730.00	2 010 000.00
支付其他与筹资活动有关的现金	32		10 800.00
筹资活动现金流出小计	33	3 631 296.00	3 029 800.00
筹资活动产生的现金流量净额	34	-1 631 296.00	-29 800.00
四、汇率变动对现金及现金等价物的影响	35		
五、现金及现金等价物净增加额	36	98 000.00	833 271.00
加:期初现金及现金等价物余额	37	1 990 010.00	1 156 739.00
六、期末现金及现金等价物余额	38	2 088 010.00	1 990 010.00

补充资料	行次	本期金额	上期金额
1. 将净利润调节为经营活动现金流量:	39		
净利润	40	3 336 574.50	2 381 342.22
加:资产减值准备	41	21 234.00	96 900.00
固定资产折旧、油气资产折耗、生产性生物资产折旧	42	4 275 374.00	4 200 000.00
无形资产摊销	43	165 000.00	165 000.00
长期待摊费用摊销	44		
处置固定资产、无形资产和其他长期资产的损失(收益以“-”号填列)	45	-117 177.0	21400
固定资产报废损失(收益以“-”号填列)	46		-19000
公允价值变动损失(收益以“-”号填列)	47	50 000.00	-30 000.00
财务费用(收益以“-”号填列)	48	2 263 750.00	3 743 000.00
投资损失(收益以“-”号填列)	49	-31 400.00	-90 000.00
递延所得税资产减少(增加以“-”号填列)	50	-10 308.50	-24 225.00
递延所得税负债增加(减少以“-”号填列)	51	-7 500.00	7 500.00

补充资料	行次	本期金额	上期金额
存货的减少(增加以"-"号填列)	52	-846 350.00	468 970.00
经营性应收项目的减少(增加以"-"号填列)	53	-72 566.00	90 000.00
经营性应付项目的增加(减少以"-"号填列)	54	322 628.00	309 870.00
其他	55	209 443.00	251 323.78
经营活动产生的现金流量净额	56	9 558 702.00	11 572 081.00
2. 不涉及现金收支的重大投资和筹资活动:	57		
债务转为资本	58		
一年内到期的可转换公司债券	59		
融资租入固定资产	60		
3. 现金及现金等价物净变动情况:	61		
现金的期末余额	62	2 088 010.00	1 990 010.00
减:现金的期初余额	63	1 990 010.00	1 156 739.00
加:现金等价物的期末余额	64	0.00	
减:现金等价物的期初余额	65	0.00	
现金及现金等价物净增加额	66	98 000.00	833 271.00

附录

附录一:银行对账单(见表 1.4 -9)

表 1.4 -9　　　　　　　　中国工商银行银行存款对账单

客户名称:湖南朝阳车用柴油机配件有限责任公司　　　　　　　　打印日期:2015.12.31

时间	摘要	借方	贷方	余额
2015.12.01	期初余额			1,502,210.00
2015.12.01	取备用金	4,000		1,498,210.00
2015.12.01	收信汇		907,800	2,406,010.00
2015.12.02	转账		500,000	2,906,010.00
2015.12.02	信汇	648,710		2,257,300.00
2015.12.02	电汇		20,000	2,277,300.00
2015.12.03	电汇		100,000	2,377,300.00
2015.12.04	委收		1,450,000	3,827,300.00
2015.12.04	转账	5,500		3,821,800.00
2015.12.04	信汇		200,000	4,021,800.00
2015.12.05	信汇	867,500		3,154,300.00
2015.12.05	转账	4,000		3,150,300.00
2015.12.05	转账	399,133.80		2,751,166.20
2015.12.05	本票		2,662,920	5,414,086.20
2015.12.06	转账	257,598		5,156,488.20
2015.12.06	转账		555,750	5,712,238.20
2015.12.06	转账	7,000		5,705,238.20
2015.12.06	现付	10,600		5,694,638.20
2015.12.06	转账		56,000	5,750,638.20
2015.12.06	转账	72,828.50		5,677,809.70
2015.12.07	现存		4,000	5,681,809.70
2015.12.08	转账	907,800		4,774,009.70
2015.12.08	转账	230		4,773,779.70
2015.12.09	现付	1,120		4,772,659.70
2015.12.10	转账		873,990	5,646,649.70
2015.12.10	现付	848		5,645,801.70

2015.12.11	转账		250,000	5,895,801.70
2015.12.11	银汇	5,000		5,890,801.70
2015.12.11	信汇		10,000	5,900,801.70
2015.12.12	信汇	1,018,400		4,882,401.70
2015.12.12	转账		673,990	5,556,391.70
2015.12.13	转账		25,000	5,581,391.70
2015.12.14	信汇	1,915.83		5,579,475.87
2015.12.14	转账	1,500		5,577,975.87
2015.12.15	现付	4,100		5,573,875.87
2015.12.15	转账		1,500,000	7,073,875.87
2015.12.15	转账	74,087.91		6,999,787.96
2015.12.15	信汇	634,725		6,365,062.96
2015.12.16	转账	9,000		6,356,062.96
2015.12.16	转账	2,300		6,353,762.96
2015.12.16	转账	79,269.50		6,274,493.46
2015.12.16	转账	621,000.00		5,653,493.46
2015.12.16	转账	43,470.00		5,610,023.46
2015.12.16	转账	18,630.00		5,591,393.46
2015.12.16	转账	117,100.00		5,474,293.46
2015.12.18	转账	9,360		5,464,933.46
2015.12.19	转账	15,000		5,449,933.46
2015.12.19	信汇		451,035	5,900,968.46
2015.12.19	银汇		80,000	5,980,968.46
2015.12.20	现付	5,000		5,975,968.46
2015.12.20	转账	5,000		5,970,968.46
2015.12.20	信汇	135,550	5,835,418.46	
2015.12.21	银付	500,000		5,335,418.46
2015.12.21	信汇		950,040	6,285,458.46
2015.12.21	信汇		5,000,000	11,285,458.46
2015.12.22	银行汇票	70,000		11,215,458.46
2015.12.22	转账	5,670		11,209,788.46
2015.12.22	托收		954,720	12,164,508.46
2015.12.23	贴现		397,200	12,561,708.46

2015.12.23	现付	4,000		12,557,708.46
2015.12.23	转账		380,250	12,937,958.46
2015.12.24	转账		2,800	12,940,758.46
2015.12.24	转账	1,400		12,939,358.46
2015.12.25	托收	2,000,000		10,939,358.46
2015.12.25	信汇		726,570	11,665,928.46
2015.12.26	转账	1,200		11,664,728.46
2015.12.26	转账	100,000		11,564,728.46
2015.12.26	转账	10,000		11,554,728.46
2015.12.26	转账	4,188.60		11,550,539.86
2015.12.27	信汇	2,000		11,548,539.86
2015.12.27	银付		26,910	11,575,449.86
2015.12.28	现存		980	11,576,429.86
2015.12.28	信汇		989,820	12,566,249.86
2015.12.28	转账	3,958		12,562,291.86
2015.12.29	银付	519		12,561,772.86
2015.12.30	银付	91,300		12,470,472.86
2015.12.30	银付	25,730		12,444,742.86

附录二：记账凭证、会计账簿用量表

1. 记账凭证领资料用量

(1)通用记账凭证	4本约300张
(2)凭证封面	3－4张
(3)凭证封底	3－4张
(4)凭证包角	3－4个
(5)抽出凭证登记表	3－4张

2. 账簿资料领用量

(1)账簿启用表	4张(可以省略)
(2)总账账页	42张
(3)三栏式明细账账页	50张
(4)多栏式明细账账页	34张
(5)数量金额式明细账账页	25张
(6)银行存款日记账账页	4张
(7)库存现金日记账账页	2张
(8)固定资产明细分类账账页	15张
(9)应交税费——应交增值税明细账	3张

1. 发票（购买办公用品）：衡阳德力文具商店

湖南省衡阳市商业零售发票

② 发 票 联　　　　NO：0354812

客户名称：湖南朝阳车用柴油机配件公司

2015 年 12 月 1 日

货号	品名及规格	单位	数量	单价	金额				
					百	十	元	角	分
	硬抄本	本	25	20.00	5	0	0	0	0
	宝珠笔	支	20	2.50			5	0	0
合计金额（大写）	伍佰伍拾零元零角零分				5	5	0	0	0
付款方式	现金	开户银行及账号							

企业（盖章有效）　　收款：李之原　　填票：刘云

2. 现金支票（开出后支票交存银行，存根作原始凭证）

3. 修理发票

湖南省加工、修理修配发票

发 票 联

NO. 01275411

2015年12月1日

付款单位	湖南朝阳车用柴油机配件有限责任公司	地址	衡阳市白沙工业大道265号								
项目		单位	数量	单价	金额						
					万	千	百	十	元	角	分
汽车维修		台	1			3	7	7	9	5	0
合计（大写）	人民币：叁仟柒佰柒拾玖元伍角				¥	3	7	7	9	5	0

此联为报销凭证

收款人：　　复核：　　开票人：冯子君　　单位盖章

4. 工商银行信汇收账通知

中国工商银行信汇凭证（收账通知） 4 第2122号

委托日期：2015年11月29日 应解汇款编号

汇款人	全　称	广东天林有限公司	收款人	全　称	湖南朝阳车用柴油机配件有限责任公司	此联给收款人的收账通知
	账　号	20190026010112233355		账　号	062488561745	
	汇出地点	广东　省　广州　市/县		汇入地点	湖南　省　衡阳　市/县	
汇出行名称		**工行广州分行松南路支行**	汇入行名称		中国工商银行衡阳市白沙洲支行	
金额	人民币（大写）	玖拾万零柒仟捌佰元整			千 百 十 万 千 百 十 元 角 分 　 ¥ 9 0 7 8 0 0 0 0	
款项已收入收款人账户。 汇入行盖章 2015年12月1日			支付密码 附加信息及用途： 还前欠货款 复核　记账			

5. 借款单

借　款　单

2015年12月1日

借款人姓名	李[illegible]	部门	人事处
借款金额	人民币（大写）贰仟元整　　¥2000.00		
借款理由	差旅费		
批准人	同意付款！　胡林立 2015.12.1	归还时间	

中国工商银行衡阳市分行 白沙洲支行 转讫

6. 收料单

7. 工商银行信汇收账通知

中国工商银行信汇凭证（收账通知） 4 第 2131 号

委托日期：2015 年 11 月 30 日 应解汇款编号

汇款人	全　称	石家庄拖拉机厂	收款人	全　称	湖南朝阳车用柴油机配件有限责任公司
	账　号	561280025708445		账　号	062488561745
	汇出地点	河北　省　石家庄　市/县		汇入地点	湖南　省　衡阳　市/县
汇出行名称		建行石家庄分行中心营业部	汇入行名称		中国工商银行衡阳市白沙洲支行

金额	人民币（大写）	千	百	十	万	千	百	十	元	角	分
	伍拾万元整		¥	5	0	0	0	0	0	0	0

款项已收入收款人账户 中国工商银行衡阳市分行 白沙洲支行 转讫 汇入行盖章 2015 年 12 月 2 日	支付密码 附加信息及用途： 还前欠货款 复核　　记账

此联给收款人的收账通知

8. 餐费发票

湖南省衡阳市饮食业发票

发票联

客户名称：朝阳车用柴油机配件有限责任公司　　2015年12月2日

项　目	金　额	备　注
餐　费	1500.00	
合计人民币（大写）：壹仟伍佰元整		

第三联：发票

单位盖章：湖南省长乐餐饮有限公司 130104010102201 发票专用章　　开票：林珍

9. 信汇回单

中国工商银行信汇凭证（回单）1　　第2211号

委托日期：　年　月　日　　应解汇款编号

汇款人	全　称		收款人	全　称	
	账　号			账　号	
	汇出地点	省　市/县		汇入地点	省　市/县
汇出行名称			汇入行名称		
金额	人民币（大写）		千 百 十 万 千 百 十 元 角 分		
汇出行盖章 2015年12月2日			支付密码		
			附加信息及用途： 复核　记账		

此联汇出行给汇款人的回单

10. 领料单（两张）

11. 成交过户交割凭单（卖单）

12/2/2015 **成交过户交割凭单** 卖

股东编号：	A60432401	成交证券：	中海集团	客户联
电脑编号：	652004	成交数量：	10000	
公司代号：	156	成交价格：	19.00	
申请编号：	659	成交金额：	190000.00	
申报时间：	10：23：10	标准佣金：	570.00	
成交时间：	10：30：15	过户费用：		
上次余额：	0（股）	印花税：	190.00	
本次成交：	10000（股）	应付金额：	189240.00	
本次余额：	0（股）			
附加费用：		实付金额：	189240.00	

经办单位：　　客户签章：湖南朝阳车用柴油机配件公司

12. 进账单

中国工商银行进账单（回单或收账通知）

进账日期：2015 年 12 月 2 日

收款人	全　称	湖南朝阳车用柴油机配件有限责任公司	付款人	全　称	海王公司
	账　号	062488561745		账　号	6181540125
	开户银行	中国工商银行衡阳市白沙洲支行		开户银行	工行证券公司办事处
人民币（大写）：贰万元整				千 百 十 万 千 百 十 元 角 分	¥ 2 0 0 0 0 0 0
票据种类	转支		收款人开户银行盖章		
票据张数	1				
主管　会计　复核　记账					

中国工商银行衡阳市分行 白沙洲支行 转讫

13. 进账单

14. 收料单

15. 领料单

16. 产品入库单

17. 托收凭证（收账通知）

托收凭证（汇款凭证或收账通知） 4

委托日期：2015 年 12 月 1 日

付款期限 2015 年 12 月 4 日

业务类型	委托收款（□邮划、□电划） 托收承付（□邮划、□电划）						
付款人	全称	长沙东城有限公司		收款人	全 称	湖南朝阳车用柴油机配件有限责任公司	
	账号	019805549365			账 号	062488561745	
	地址	湖南省长沙 市县	开户行 工行长沙分行东城营业部		地址	湖南省 衡阳 市县	开户行 中国工商银行衡阳市白沙洲支行
金额	人民币（大写）	壹佰肆拾伍万元整				亿 千 百 十 万 千 百 十 元 角 分	￥ 1 4 5 0 0 0 0 0 0
款项内容	货 款	托收凭证名 称	商业汇票			附寄单证张数	3
商品发运情况	已发运			合同名称号码	0312		
备注： 复核 记账		款项收妥日期 2015 年 12 月 4 日			收款人开户银行盖章		

此联付款人开户银行凭以付款或收款人开户行作收账通知

中国工商银行衡阳市分行 白沙洲支行 转讫

18. 对方开的增值税发票，收料单

43141458 **湖南省增值税专用发票** No 000578941

发 票 联 开票日期：2015 年 12 月 5 日

购货单位	名　称：湖南朝阳车用柴油机配件有限责任公司 纳税人识别号：07348832662 地　址：衡阳市白沙工业大道 265 号 电　话：07348960168 开户行及账号：中国工商银行衡阳市白沙洲支行 062488561745	密码区	略

货物或应税劳务名称	规格型号	单位	数量	单价	金额	税率	税额
生铁		吨	150	2150	322500	17%	54825
废钢		吨	100	2050	205000	17%	34850
合　计					527500		￥89675
价税合计（大写）	⊗陆拾壹万柒仟壹佰柒拾伍元整				（小写）￥617175.00		

销货单位	名　称：湘南金属公司 纳税人识别号： 地　址： 电　话： 开户行及账号：工行长沙支行红旗路分理处 091482542138	备注	

收款人:　　复核:　　开票人:　　销货单位:(章)

第二联：发票联　购货方记账凭证

19. 转账支票，支票交对方，存根作账

20. 信汇凭证（收款通知）

中国工商银行信汇凭证（收账通知） 4　　第 2978 号

委托日期：2015 年 12 月 2 日　　　　应解汇款编号

汇款人	全　称	衡阳市财政局	收款人	全　称	湖南朝阳车用柴油机配件有限责任公司
	账　号	6550 4220 3456 780		账　号	062488561745
	汇出地点	湖南　省　衡阳　市/县		汇入地点	湖南　省　衡阳　市/县
汇出行名称		中国银行方州分行营业部	汇入行名称		中国工商银行衡阳市白沙洲支行
金额	人民币（大写）	贰拾万元整			
款项已收入收款人账户。 中国工商银行衡阳市分行 白沙洲支行 转讫 汇入行盖章 2015 年 12 月 4 日			支付密码 附加信息及用途： 中小企业创新基金补贴 复核　记账		

千	百	十	万	千	百	十	元	角	分
	¥	2	0	0	0	0	0	0	0

此联给收款人的收账通知

21. 领料单

22. 领料单

23. 信汇回单

中国工商银行信汇凭证（回单） 1　　第 3011 号

委托日期：　年　月　日　　　　应解汇款编号

汇款人	全　称		收款人	全　称	
	账　号			账　号	
	汇出地点	省　市/县		汇入地点	省　市/县
汇出行名称			汇入行名称		
金额	人民币（大写）				
汇出行盖章 2015 年 12 月　日			支付密码 附加信息及用途： 复核　记账		

千	百	十	万	千	百	十	元	角	分

此联汇出行给汇款人的回单

24. 转账支票，对方发票

湖南省衡阳市零售统一发票

发票号码：6245005

客户：湖南朝阳车用柴油机配件公司　　地址：　　2015年12月5日

项目	单 位	数 量	单 价	金 额							备注
				万	千	百	十	元	角	分	
维修零配件					4	0	0	0	0	0	略
				￥	4	0	0	0	0	0	
合计金额（大写）	肆仟元整										

发票专用章（未盖章无效）：　　开票人：　　收款人：周

25. 增值税发票，产品出库单，固定资产交接单，对方增值税发票

25-3

固定资产交接单

年　月　日

资产名称	规格型号	计量单位	数量	安装完工日期	实际成本					备注
					设备费	运杂费	安装费	利息	合计	

移交单位				接收单位			
		负责人				负责人	
		会计主管				会计主管	
		经办人				经办人	

25-4　　43041011　　**湖南省增值税专用发票**　　No 000154874

发　票　联　　开票日期：2015 年 12 月 5 日

购货单位	名　称：湖南朝阳车用柴油机配件有限责任公司 纳税人识别号：07348832662 地　址：衡阳市白沙工业大道 265 号 电　话：07348960168 开户行及账号：中国工商银行衡阳市白沙洲支行 062488561745	密码区	略

货物或应税劳务名称	规格型号	单位	数量	单价	金额	税率	税额
台式机		台	2	4800.00	9600.00	17%	1632.00
合　　计					￥9600.00		￥1632.00
价税合计（大写）	壹万壹仟贰佰叁拾贰元整				（小写）￥11232.00		

销货单位	名　称：北方公司 纳税人识别号：430410112257561 地　址：衡阳市先锋路 55 号 电　话：28212A 开户行及账号：工行先锋路营业部 0198 4222 0224 7897	备注	衡阳北方电脑销售公司

收款人：　　复核：　　开票人：　　销货单位：（章）

第二联：发票联　购货方记账凭证

26. 对方增值税发票，转账支票

26-1　　43141230　　**湖南省增值税专用发票**　　**No** 000154874

发　票　联　　开票日期：2015年12月5日

购货单位	名　称：湖南朝阳车用柴油机配件有限责任公司 纳税人识别号：07348832662 地　址：衡阳市白沙工业大道265号 电　话：07348960168 开户行及账号：中国工商银行衡阳市白沙洲支行 062488561745	密码区	略

货物或应税劳务名称	规格型号	单位	数量	单价	金额	税率	税额
复膜沙		吨	250	940	235000	17%	39950
型砂		吨	400	150	60000	17%	10200
煤粉		吨	40	624	24960	17%	4243.2
陶土		吨	20	1059	21180	17%	3600.6
合　计					341140		57993.8
价税合计（大写）	叁拾玖万玖仟壹佰叁拾叁元捌角整　（小写）￥399133.80						

销货单位	名　称：金达矿产品贸易公司 纳税人识别号： 地　址： 电　话： 开户行及账号：中国银行衡阳分行中心支行营业部 5645 3320 5525 343	备注	

收款人：　　复核：　　开票人：　　销货单位：（章）

第二联：发票联　购货方记账凭证

27. 增值税发票，出库单
28. 转账支票，支票交对方，存根作账
29. 收料单
30. 增值税发票，产品出库单，进账单
31. 转账支票存根，体检发票

湖南省医疗卫生单位门诊医药费收据

No:000000244

2015 年 12 月 6 日

姓名：朝阳公司职工	门诊号：x01240
收费项目及金额	体检费
金额(小写)：￥7000.00	
金额(大写)：人民币柒仟元整	

②记账联 收款单位作记账凭证

收款单位（盖章） 收款人：付

32. 现金支票，展览费发票，餐费发票

湖南省增值税专用发票

43041211　　　　No 000154874

发票联　　　　开票日期：2015年12月6日

购货单位	名　称：湖南朝阳车用柴油机配件有限责任公司 纳税人识别号：07348832662 地　址：衡阳市白沙工业大道265号 电　话：07348960168 开户行及账号：中国工商银行衡阳市白沙洲支行 062488561745				密码区	略	
货物或应税劳务名称	规格型号	单位	数量	单价	金额	税率	税额
展览费					10000.00	6%	600.00
合　计					￥10000.00		￥600.00
价税合计（大写）	壹万零陆佰元整				（小写）￥10600.00		
销货单位	名　称：湖南会展中心 纳税人识别号：43041011225[illegible]561 地　址：长沙市开福区浏阳河大桥东 电　话：0731-84838000 开户行及账号：工行开福区营业部 0198 4222 0224 7897				备注		

收款人：　　　复核：　　　开票人：　　　销货单位：（章）

第二联：发票联　购货方记账凭证

湖南省衡阳市饮食业发票

发票联

客户名称：朝阳车用柴油机配件有限责任公司　　　2015年12月6日

项　目	金　额	备　注
餐　费	205.00	
合计人民币（大写）：贰佰零伍元整		

单位盖章：　　　开票：林珍

第三联：发票

33. 增值税专用发票发票，进账单

34. 产品入库单

35. 转账支票、对方开的增值税发票

430411187057 **湖南省增值税专用发票** No 00122635

发 票 联 开票日期：2015年12月6日

名 称：湖南朝阳车用柴油机配件有限责任公司 纳税人识别号：07348832662 地 址：衡阳市白沙工业大道265号 电 话：07348960168 开户行及账号：中国工商银行衡阳市白沙洲支行 062488561745	密码区	略 略

货物或应税劳务名称	规格型号	单位	数量	单 价	金额	税率	税 额
锰		吨	5	4650元/吨	23250.00	13%	3022.50
硅		吨	8	5150元/吨	41200.00	13%	5356.00
合 计					￥64450.00		￥8378.50
价税合计（大写）	⊗柒万贰仟捌佰贰拾捌元伍角整				（小写）￥72828.50		

销货单位	名 称：金达矿产品贸易公司 纳税人识别号：430404115455462 地 址： 电 话： 开户行及账号：中国银行衡阳分行中心支行营业部 5645 3320 5525 343	备注	

收款人： 复核： 开票人： 销货单位：（章）

第二联：发票联 购货方记账凭证

36. 差旅费报销单（后附原始单据略）

差 旅 费 报 销 单

姓名：李红 2015年12月7日

起止日期	起止地点	汽车费	火车费	飞机费	途中补助	食宿费	住勤补助	杂费	合计	单据
12月1日	衡阳—上海		588.00		100.00				688.00	2
12月2-5日	食宿					1180.00	200.00		1380.00	8
	市内交通	210.00							210	11
12月6日	上海—衡阳		572.00		100.00				672.00	2
合 计		210.00	1160.00		200.00	1180.00	200.00		2950.00	23
合计核销金额（大写）贰仟玖佰伍拾元整 ￥2950.00										

领导批示：请核报 胡林立 12月7日

37. 省技术监督局事业收费收据

湖南省非税收入专用收据

发票号码：6001211

缴费单位：湖南朝阳车用柴油机配件公司　　地址：　　2015年12月7日

项目	单位	数量	单价	金额							备注
				万	千	百	十	元	角	分	
产品鉴定						5	8	8	0	0	略
					￥	5	8	8	0	0	
合计金额（大写）	人民币伍佰捌拾捌元零角零分										

发票专用章（未盖章无效）：　　开票人：　　收款人：付小小

38. 发票

湖南省衡阳市商业零售发票

②发票联

NO：0579865

客户名称：湖南朝阳车用柴油机配件公司　　2015年12月7日

货号	品名及规格	单位	数量	单价	金额				
					百	十	元	角	分
	焊条	根	400	1.20	4	8	0	0	0
合计金额（大写）	肆佰捌拾零元零角零分				4	8	0	0	0
付款方式	现金	开户银行及账号							

企业（盖章有效）　　收款：　　填票：

39. 发票

湖南省衡阳市商业零售发票

② 发 票 联　　NO: 0577894

客户名称：湖南朝阳车用柴油机配件公司　　2015年12月7日

货号	品名及规格	单位	数量	单价	金额 百	十	元	角	分
	钢丝刷	个	50	1.20	1	0	0	0	0
合计金额（大写）	壹佰零拾零元零角零分				1	0	0	0	0
付款方式	现金	开户银行及账号							

企业（盖章有效）　　收款：　　填票：

衡阳明成维修用品店 发票专用章

40. 租金发票，现金缴款单

40-1

湖南省衡阳市服务行业统一发票

发票号码：6025540

记 账 联

客户：李晓华　　地址：　　2015年12月7日

项目	单位	数量	单价	金额 万	千	百	十	元	角	分	备注
门面租金					4	0	0	0	0	0	略
				¥	4	0	0	0	0	0	
合计金额（大写）	肆仟元整										
说明：本票只限于未设立专用服务发票其它服务行业使用											

发票专用章（未盖章无效）：　　开票人：　　收款人：张

湖南朝阳车用柴油机配件有限责任公司

40–2

中国工商银行现金进账（交款）单

年　　月　　日

<table>
<tr><td rowspan="3">收款人</td><td>全　称</td><td colspan="3"></td></tr>
<tr><td>账　号</td><td></td><td>款项来源</td><td></td></tr>
<tr><td>开户银行</td><td></td><td>交款人</td><td></td></tr>
</table>

人民币（大写）：	千	百	十	万	千	百	十	元	角	分

票　面	张　数	票　面	张　数	票　面	张　数	
						记账　　复核 出纳　　复核 年　月　日

一记账凭证

40–3

应交营业税计算表

年　月　日至　年　月　日　　　金额单位：元

项　目	计税金额	适用税率	税　额	备　注
合　计				

会计主管 ：　　　　复核：　　　　制表：

41. 收料单
42. 领料单
43. 领料单（两张）

44. 成交过户交割凭单（卖单）

12/8/2015　**成交过户交割凭单**　卖

股东编号：	A60432401	成交证券：	基金天创
电脑编号：	653054	成交数量：	120000
公司代号：	156	成交价格：	1.55
申请编号：	659	成交金额：	186000.00
申报时间：	14：22：10	标准佣金：	558.00
成交时间：	14：30：12	过户费用：	
上次余额：	0（股）	印花税：	186.00
本次成交：	120000（股）	应付金额：	185256.00
本次余额：	0（股）		
附加费用：		实付金额：	185256.00

客户联

经办单位：　　　　客户签章：湖南朝阳车用柴油机配件公司

45. 转账支票

46. 转账支票

47. 发票

湖南省衡阳市商业零售统一发票

②发　票　联　　NO：0675789

客户名称：湖南朝阳车用柴油机配件公司　　2015年12月8日

货号	品名及规格	单位	数量	单价	金额 百	十	元	角	分
	手套	双	40	2．00		8	0	0	0
合计金额（大写）	捌拾元零角零分				￥	8	0	0	0
付款方式	现金	开户银行及账号							

48. 房租补助发放表

房租补助发放表

2015 年 12 月 8 日

部门	金额	签　名	部门	金额	签　名
铸造车间	1000.00	林真	机修车间	450.00	伍杰
加工车间	900.00	王斤	管理部门	500.00	许黎
包装车间	550.00	王实力			
合　计	（大写）叁仟肆佰元整			小写：￥3400.00	

49. 差旅费报销单（后附原始单据略）

差 旅 费 报 销 单

姓名：刘林　　　　2015 年 12 月 9 日

起止日期	起止地点	汽车费	火车费	飞机费	途中补助	食宿费	住勤补助	杂费	合计	单据
11 月 21 日	衡阳一新加坡	68.00		3480.00	100.00				3648.00	2
11. 22-12..5	食宿					21180.00	1500.00		22680.00	23
12 月 6 日	新加坡一衡阳	68.00		3504.00	100.00				3672.00	2
合　计		136.00		6984.00	200.00	21180.00	1500.00		30000.00	27
合计核销金额（大写）叁万元整 ￥30000.00										

50. 办公用品发票

湖南省衡阳市商业零售统一发票

发 票 联 NO：66756524

客户名称：湖南朝阳车用柴油机配件公司　　2015年12月8日

货号	品名及规格	单位	数量	单价	金额 百	十	元	角	分
	印泥	盒	5	3.50		1	7	5	0
	邮票					4	5	0	0
合计金额（大写）	陆拾贰元伍角零分				￥	6	2	5	0
付款方式	现金	开户银行及账号							

企业（盖章有效）　　收款：　　填票：

51. 对方劳务费发票

湖南省衡阳市服务行业统一发票

发票号码：6001278

发 票 联

客户：湖南朝阳车用柴油机配件公司　　地址：　　2015年12月9日

项目	单位	数量	单价	金额 万	千	百	十	元	角	分	备注
垃圾清运费						1	0	0	0	0	略
					￥	1	0	0	0	0	
合计金额（大写）	壹佰零拾零元零角零分										

说明：本票只限于未设立专用服务发票其它服务行业使用

发票专用章（未盖章无效）　　开票人：　　收款人：李

52. 物料发票，现金支票

湖南省衡阳市商业零售发票

发 票 联

NO：0579896

客户名称：湖南朝阳车用柴油机配件公司

2015年12月7日

货号	品名及规格	单位	数量	单价	金额					
					千	百	十	元	角	分
	物料				1	1	2	0	0	0
合计金额（大写）	壹仟壹佰贰拾零元零角零分				1	1	2	0	0	0
付款方式	现 金	开户银行及账号								

企业（盖章有效）　　收款：　　填票：张

53. 产品入库单

54. 增值税发票，产品出库单，进账单

55. 对方开的增值税发票，现金支票

40324458 **湖南省增值税专用发票** No 000668941

发 票 联 开票日期：2015 年 12 月 9 日

购货单位	名 称：湖南朝阳车用柴油机配件有限责任公司 纳税人识别号：07348832662 地 址：衡阳市白沙工业大道 265 号 电 话：07348960168 开户行及账号：中国工商银行衡阳市白沙洲支行 062488561745				密码区	略	
货物或应税劳务名称	规格型号	单位	数量	单价	金额	税率	税额
技术培训费					800.00	6%	48.00
合 计					￥800.00		￥48.00
价税合计（大写）	⊗捌佰肆拾捌元整				（小写）￥848.00		
销货单位	名 称：楚风投资咨询公司 纳税人识别号：03467291089 地 址：衡阳市常胜 100 号 电 话：073482828123 开户行及账号：工行衡阳支行常胜路分理处 091482542138				备注	楚风咨询投资公司 财务专用章	

收款人： 复核： 开票人： 销货单位：（章）

第二联：发票联 购货方记账凭证

56. 领料单

57. 领料单

58. 收料单

59. 债务重组协议，进账单

债务重组协议

甲方：湖南朝阳车用柴油机配件有限责任公司

乙方：衡阳诚达有限公司

乙方因财务危机无法归还甲方到期贷款，经协商，双方达成以下协议：

1、 乙公司用现款归还 25 万元；

2、 甲公司免除其剩余债务 5 万元。

甲方　　　　　　　　　　　　乙方

2015-12-11

60. 增值税专用发票，信汇凭证

60-1　　43141488　**湖南省增值税专用发票**　　No 00057862

发　票　联　　　开票日期：2015 年 12 月 11 日

<table>
<tr><td>购货单位</td><td colspan="4">名　称：湖南朝阳车用柴油机配件有限责任公司
纳税人识别号：07348832662
地　址：衡阳市白沙工业大道 265 号
电　话：07348960168
开户行及账号：中国工商银行衡阳市白沙洲支行 062488561745</td><td>密码区</td><td colspan="3">略</td></tr>
<tr><td>货物或应税劳务名称</td><td>规格型号</td><td>单位</td><td>数量</td><td>单价</td><td>金额</td><td>税率</td><td>税额</td><td></td></tr>
<tr><td>展销费</td><td></td><td></td><td></td><td></td><td>5000.00</td><td>6%</td><td>300.00</td><td></td></tr>
<tr><td>合　　计</td><td></td><td></td><td></td><td></td><td>￥5000.00</td><td></td><td>￥300.00</td><td></td></tr>
<tr><td>价税合计（大写）</td><td colspan="8">⊗伍仟叁佰元整　　　（小写）￥5300.00</td></tr>
<tr><td>销货单位</td><td colspan="4">名　称：长沙国际会展中心
纳税人识别号：34598032
地　址：长沙市开福区浏阳河大桥东
电　话：07312246780
开户行及账号：工行长沙支行开福区分理处 014652542138</td><td>备注</td><td colspan="3"></td></tr>
</table>

第二联：发票联　购货方记账凭证

收款人：　　　　复核：　　　　开票人：　　　　销货单位：（章）

60-2

中国工商银行信汇凭证（回单） 1

委托日期：　年　月　日

汇款人	全　称		收款人	全　称	
	账　号			账　号	
	汇出地点	省　市/县		汇入地点	省　市/县
汇出行名称			汇入行名称		
金额	人民币（大写）		千 百 十 万 千 百 十 元 角 分		
汇出行盖章　2015 年 12 月　日			支付密码		
			附加信息及用途：　复核　记账		

此联汇出行给汇款人的回单

61. 信汇凭证（收账通知）

61-1

中国工商银行信汇凭证（收账通知） 4

委托日期：2015 年 12 月 11 日

汇款人	全　称	歌华公司	收款人	全　称	湖南朝阳车用柴油机配件有限责任公司
	账　号	20190335501122226010		账　号	062488561745
	汇出地点	湖北　省　武汉　市/县		汇入地点	湖南　省　衡阳　市/县
汇出行名称		工行湖北省分行武汉支行	汇入行名称		中国工商银行衡阳市白沙洲支行
金额	人民币（大写）	壹万元整			

千	百	十	万	千	百	十	元	角	分
		¥	1	0	0	0	0	0	0

款项已收入收款人账户。 中国工商银行衡阳市分行 白沙洲支行 转讫 汇入行盖章 2015 年 12 月 1 日	支付密码 附加信息及用途： 合同定金 复核　记账

此联给收款人的收账通知

62. 信汇凭证（回单）

62-1

中国工商银行信汇凭证（回单） 1

委托日期：　　年　　月　　日

汇款人	全　称		收款人	全　称		此联汇出行给汇款人的回单
	账　号			账　号		
	汇出地点	省　　　市/县		汇入地点	省　　　市/县	
汇出行名称			汇入行名称			
金额	人民币（大写）				千 百 十 万 千 百 十 元 角 分	
汇出行盖章 2015 年 12 月　日			支付密码			
			附加信息及用途： 复核　　记账			

63. 增值税发票，产品出库单，进账单，附：商业承兑汇票

63-4

商业承兑汇票 2

签发日期：贰零壹伍年壹拾贰月壹拾贰日

付款人	全　称	大丰公司	收款人	全　称	湖南朝阳车用柴油机配件有限责任公司	此联持票人开户行随委托收款凭证寄付款人开户行作借方凭证附件
	账　号	909548		账　号	062488561745	
	开户银行	建行人民路支行		开户银行	工行衡阳分行东风路分理处	
汇票金额		人民币（大写）贰拾万元整			千 百 十 万 千 百 十 元 角 分 　　 　　2 0 0 0 0 0 0 0	
汇票到期日		贰零壹陆年零贰月壹拾壹日	交易合同号码			
本汇票已经承兑，到期无条件支付票款 承兑人签章 承兑日期贰零壹伍年壹拾贰月壹拾贰日			本汇票请予以承兑于到期日付款 出票人签章			

64. 领料单（两张）

65. 增值税发票，进账单

66. 产品入库单

67. 信汇凭证（回单）

中国工商银行信汇凭证（回单） 1

委托日期：　　年　　月　　日

<table>
<tr><td rowspan="3">汇款人</td><td>全　称</td><td colspan="2"></td><td rowspan="3">收款人</td><td>全　称</td><td colspan="10"></td><td rowspan="7">此联汇出行给汇款人的回单</td></tr>
<tr><td>账　号</td><td colspan="2"></td><td>账　号</td><td colspan="10"></td></tr>
<tr><td>汇出地点</td><td colspan="2">省　　市/县</td><td>汇入地点</td><td colspan="10">省　　市/县</td></tr>
<tr><td colspan="2">汇出行名称</td><td colspan="2"></td><td colspan="2">汇入行名称</td><td colspan="10"></td></tr>
<tr><td rowspan="2">金额</td><td colspan="5" rowspan="2">人民币
（大写）</td><td>千</td><td>百</td><td>十</td><td>万</td><td>千</td><td>百</td><td>十</td><td>元</td><td>角</td><td>分</td></tr>
<tr><td></td><td></td><td></td><td></td><td></td><td></td><td></td><td></td><td></td><td></td></tr>
<tr><td colspan="4">汇出行盖章
2015 年 12 月5日</td><td colspan="12">支付密码
附加信息及用途：
复核　　记账</td></tr>
</table>

68. 对方开的增值税发票

430411187032　　**湖南省增值税专用发票**　　No 00122635

发　票　联　　　　开票日期：2015 年 12 月 14 日

购货单位		密码区	略
	名　称：湖南朝阳车用柴油机配件有限责任公司 纳税人识别号：07348832662 地　址：衡阳市白沙工业大道 265 号 电　话：07348960168 开户行及账号：中国工商银行衡阳市白沙洲支行 062488561745	密码区	略

货物或应税劳务名称	规格型号	单位	数量	单价	金额	税率	税额
车床		台	1	128205.00	128205.00	17%	21795.00
合　计					￥128205.00		￥21795.00
价税合计（大写）	⊗壹拾伍万元整				（小写）￥150 000.00		

销货单位		备注	
销货单位	名　称：上海立山机床厂 纳税人识别号：310302226534564 地　址：上海宝山工业区 19-1 号 电　话：021-884588Z 开户行及账号：中行宝山分行	备注	

收款人：　　　　复核：　　　　开票人：　　　　销货单位（章）

第二联：发票联　购货方记账凭证

69. 转账支票，对方发票，收料单

69-2

4304120235　　**湖南省增值税专用发票**　　No 03659930

发票联　　开票日期：2015年12月9日

购货单位	名称：湖南朝阳车用柴油机配件有限公司 纳税人识别号：07348832662 地址：衡阳市白沙工业大道265号 电话：07348960168 开户行及账号：中国工商银行衡阳市白沙洲支行 062488561745	密码区	略　　略

货物或应税劳务名称	规格型号	单位	数量	单价	金额	税率	税额
建筑材料		吨		1282.00	1282.00	17%	218.00
合计					￥1282.00		￥218.00
价税合计（大写）	⊗壹仟伍佰元整				（小写）￥1500.00		

销货单位	名称：衡阳点点建筑材料公司 纳税人识别号：43041202357844 地址：日鑫建材市场156号 电话：8811999 开户行及账号：工行华新支行019801263657854	备注	衡阳点点建筑材料公司 43041202357844 发票专用章

收款人：　　复核：　　开票人：　　销货单位：（章）

第二联：发票联　购货方记账凭证

70. 纳税申报表

70－1

增值税纳税申报表

（适用于增值税一般纳税人）

根据国家税收法律法规及增值税相关规定制定本表。纳税人不论有无销售额，均应按税务机关核定的纳税期限填写本表，并向当地税务机关申报。

税款所属时间：　　　　至　　　　填表日期：　　　　金额单位：元至角分

纳税人识别号					所属行业：		
纳税人名称	（公章）	法定代表人姓名	注册地址	营业地址			
开户银行及帐号		登记注册类型			电话号码		

	项目	栏次	一般货物、劳务和应税服务		即征即退货物、劳务和应税服务	
			本月数	本年累计	本月数	本年累计
销售额	（一）按适用税率征税销售额	1				
	其中：应税货物销售额	2	8,186,000.00	89,625,400.00		
	应税劳务销售额	3				
	纳税检查调整的销售额	4				
	（二）按简易征收办法征税销售额	5				
	其中：纳税检查调整的销售额	6				
	（三）免、抵、退办法出口销售额	7			——	
	（四）免税销售额	8			——	
	其中：免税货物销售额	9			——	
	免税劳务销售额	10			——	
税款计算	销项税额	11	1,391,620.00	15,236,318.00		
	进项税额	12	770,620.00	8,476,820.00		
	上期留抵税额	13		——		
	进项税额转出	14				
	免、抵、退应退税额	15			——	
	按适用税率计算的纳税检查应补缴税额	16			——	
	应抵扣税额合计	17＝12＋13－14－15＋16		——		——
	实际抵扣税额	18（如17＜11，则为17，否则为11）	770,620.00	8,476,820.00		——
	应纳税额	19＝11－18	621,000.00	6,759,498.00		
	期末留抵税额	20＝17－18				——
	简易征收办法计算的应纳税额	21				
	按简易征收办法计算的纳税检查应补缴税额	22			——	
	应纳税额减征额	23				
	应纳税额合计	24＝19＋21－23	621,000.00	6,759,498.00		
税款缴纳	期初未缴税额（多缴为负数）	25				
	实收出口开具专用缴款书退税额	26	——	——	——	——
	本期已缴税额	27＝28＋29＋30＋31		6,138,498.00		
	①分次预缴税额	28		——		——
	②出口开具专用缴款书预缴税额	29	——	——	——	——
	③本期缴纳上期应纳税额	30				
	④本期缴纳欠缴税额	31				
	期末未缴税额（多缴为负数）	32＝24＋25＋26－27	621,000.00	621,000.00		
	其中：欠缴税额（≥0）	33＝25＋26－27		——		——
	本期应补（退）税额	34＝24－28－29		——		——
	即征即退实际退税额	35	——	——		
	期初未缴查补税额	36			——	
	本期入库查补税额	37			——	
	期末未缴查补税额	38＝16＋22＋36－37			——	——

授权声明	申报人声明
如果你已委托代理人申报，请填写下列资料：为代理一切税务事宜，现授权＿＿＿＿＿＿（地址）＿＿＿＿＿＿为本纳税人的代理申报人，任何与本申报表有关的往来文件，都可寄予此人。	本纳税申报表是根据国家税收法律法规及相关规定填报的，我确定它是真实的、可靠的、完整的。
授权人签字：	声明人签字：

主管税务机关：　　　　接收人：　　　　接收日期：

70－2

衡阳市工商企业城建税等税费申报表

申报单位________________________地址________________________

开户银行________________________账号________________________

税务登记号________________________税务管理码________________________

电脑编码　　　　　　　　　　　　登记注册类型　　　　　　　　金额单位:元

税项 有关税费等	增值税			营业税			消费税			合计 10＝3＋6＋9
	税额	征收率（税率）	应征税（费）额	税额	征收率（税率）	应征税（费）额	税额	征收率（税率）	应征税（费）额	
	1	2	3＝1X2	4	5	6＝4X5	7	8	9＝7X8	
城市维护建设税										
教育费附加										
合计										

申报单位签章	征收机关签章
"财务负责人 负责人　　　　年 月 日	财务负责人 负责人　　　　年 月 日

备注	

70－3　　企业所得税月(季)度申报－纳税人信息

税款所属时间：　　至　　填表日期：

	项目		本期金额	累计金额
1	**一、按照实际利润额预缴**			
2	营业收入		8,186,000.00	89,625,400.00
3	营业成本		7,717,600.00	85,176,634.00
4	利润总额		468,400.00	4,448,766.00
5	加:特定业务计算的应纳税所得额			
6	减:不征税收入和税基减免应纳税所得额(请填附表1)			
7	固定资产加速折旧(扣除)调减额(请填附表2)			
8	弥补以前年度亏损			
9	实际利润额(4行+5行－6行－7行－8行)		4,448,766.00	
10	税率		25%	25%
11	应纳所得税额(9行×10行)		117100	1,112,191.50
12	减:减免所得税额(请填附表3)			
13	实际已缴所得税额			
14	特定业务预缴(征)所得税额			
15	应补(退)的所得税额(11行－12行－13行－14行)			
16	减:以前年度多缴在本期抵缴所得税额			
17	本月(季)实际应补(退)所得税额			
18	**二、按照上一纳税年度应纳税所得额的平均额预缴**			
19	上一纳税年度应纳税所得额			
20	本月(季)应纳税所得额(19行*1/4或1/12)			
21	税率			
22	本月(季)应纳所得税额(20行×21行)			
23	减:减免所得税额(请填附表3)			
24	本月(季)实际应纳所得税额(22行－23行)			
25	**三、按照税务机关确定的其他方法预缴**			
26	本月(季)税务机关确定的预缴的所得税额			
27	总分机构纳税人			
28	总机构	总机构应分摊的所得税额		
29		财政集中分配所得税额		
30		分支机构分摊所得税额		
31		其中:总机构独立生产经营部门应分摊所得税		
32	分支机构	分配比例		
33		分配所得税额		

居民企业(查账征收)企业所得税月(季)度申报－其他信息				
法定代表人		会计主管		
受理人姓名		受理日期		
税务代理经办人		税务代理经办人执业证件号码		
代理申报中介机构		代理申报日期		
主管税务机关				

71. 现金支票，劳动竞赛奖发放表

71-1

劳动竞赛奖发放表

姓名	金额	签名	姓名	金额	签名
黄小华	1000	黄小华	唐波	500	唐波
王军	800	王军	陈林	500	陈林
蒋杰	800	蒋杰	刘永	500	刘永
合计：肆仟壹佰元整（¥4100.00）					
审批：同意发放　胡林立　　2015-12-15					

72. 银行借款凭证

中国工商银行借款凭证

2015 年 12 月 15 日

<table>
<tr><td>借款单位名称</td><td>湖南朝阳车用柴油机配件公司</td><td>贷款账号</td><td>98650049</td><td>结算账号</td><td colspan="10">732001260004619</td><td rowspan="5">第四联</td></tr>
<tr><td rowspan="2">借款金额（大写）</td><td rowspan="2" colspan="4">壹佰伍拾万元整</td><td>千</td><td>百</td><td>十</td><td>万</td><td>千</td><td>百</td><td>十</td><td>元</td><td>角</td><td>分</td></tr>
<tr><td>¥</td><td>1</td><td>5</td><td>0</td><td>0</td><td>0</td><td>0</td><td>0</td><td>0</td><td>0</td></tr>
<tr><td rowspan="2">借款用途</td><td rowspan="2">扩建厂房</td><td colspan="2">借出日期</td><td>约定还款日期</td><td colspan="10">利　率</td></tr>
<tr><td colspan="2">2015 年 12 月 15 日</td><td>2019 年 12 月 15</td><td colspan="10">5.58%</td></tr>
<tr><td colspan="4">上列款项已收入你单位往来户内
银行盖章</td><td colspan="12">单位会计分录：</td></tr>
</table>

中国工商银行衡阳市分行
白沙洲支行
转讫

73. 产品入库单

74. 转账支票，收料单，对方发票

4302354120　　**湖南省增值税专用发票**　　No 03039651

发　票　联　　开票日期：2015 年 12 月 15 日

购货单位	名　称：湖南朝阳车用柴油机配件有限公司 纳税人识别号：07348832662 地　址：衡阳市白沙工业大道 265 号 电　话：07348960168 开户行及账号：中国工商银行衡阳市白沙洲支行 062488561745			密码区	略　　略		
货物或应税劳务名称	规格型号	单位	数量	单价	金额	税率	税额
车刀		把	35	135.00	4725	17%	803.25
刨刀		把	5	10.00	50	17%	8.5
铣刀		把	15	20.00	300	17%	51
钻头		把	4	12.00	48	17%	8.16
镗刀		把	120	485.00	58200	17%	9894
合　计					￥63323.00		￥10764.91.
价税合计（大写）	⊗柒万肆仟零捌拾柒元玖角壹分				（小写）￥74087.91		
销货单位	名　称：永生工具厂 纳税人识别号：43041545457811 地　址：白沙路 56-4 号 电　话：3322444 开户行及账号：建行白沙支行 365785401980126			备注	永生工具厂 43041545457811 发票专用章		

第二联：发票联　购货方记账凭证

收款人：刘　　复核：　　开票人：　　销货单位：（章）

75. 信汇凭证，收料单，对方发票

75-1　　中国工商银行信汇凭证（回单）　1

委托日期：　　年　　月　　日

汇款人	全　称		收款人	全　称	
	账　号			账　号	
	汇出地点	省　　市/县		汇入地点	省　　市/县
汇出行名称			汇入行名称		
金额	人民币（大写）		千 百 十 万 千 百 十 元 角 分		
汇出行盖章 2015 年 12 月　日			支付密码 附加信息及用途： 复核　　记账		

75-2　　4302354120

湖南省增值税专用发票

No 03039651

发　票　联　　开票日期：2015 年 12 月 15 日

购货单位	名　称：湖南朝阳车用柴油机配件有限公司 纳税人识别号：07348832662 地　址：衡阳市白沙工业大道 265 号 电　话：07348960168 开户行及账号：中国工商银行衡阳市白沙洲支行 062488561745	密码区	略　　略

货物或应税劳务名称	规格型号	单位	数量	单价	金额	税率	税额
生铁		吨	150	2210.00	331500.00	17%	56355.00
废钢		吨	100	2110.00	211000.00	17%	35870.00
合　计					￥542500.00		￥92225.00
价税合计（大写）	⊗陆拾叁万肆仟柒佰贰拾伍元整				（小写）￥634725 .00		

销货单位	名　称：洞庭金属公司 纳税人识别号：41004507811415 地　址：长板路 234 号 电　话：2245687 开户行及账号：工行长沙支行　0198332185	备注	

收款人：王　　复核：　　开票人：　　销货单位：（章）

第二联：发票联　购货方记账凭证

76. 收料单，对方发票

4302354120 **湖南省增值税专用发票** No 03039651

发 票 联 开票日期：2015年12月15日

购货单位	名 称：湖南朝阳车用柴油机配件有限公司 纳税人识别号：07348832662 地 址：衡阳市白沙工业大道265号 电 话：07348960168 开户行及账号：中国工商银行衡阳市白沙洲支行 062488561745			密码区	略 略		
货物或应税劳务名称	规格型号	单位	数量	单价	金额	税率	税额
复膜沙		吨	200	945.00	189000.00	17%	32130
型砂		吨	300	141.00	42300.00	17%	7191
煤粉		吨	20	620.00	12400.00	17%	2108
陶土		吨	10	1090.00	10900.00	17%	1853
合 计					￥254600.00		￥43282
价税合计（大写）	⊗贰拾玖万柒仟捌佰捌拾贰元整				（小写）￥297882.00		
销货单位	名 称：金燕矿产品公司 纳税人识别号：410231400180451 地 址：益阳易沙路564号 电 话：8812144 开户行及账号：工行益阳支行 21145185			备注			

收款人： 复核： 开票人： 销货单位：（章）

第二联：发票联 购货方记账凭证

金燕矿产品公司 410231400180451 发票专用章

77. 对方发票，工商银行电汇凭证

4305891345 **陕西省增值税专用发票** No 00346890

发票联 开票日期：2015年12月16日

购货单位	名称：湖南朝阳车用柴油机配件有限责任公司 纳税人识别号：07348832662 地址：衡阳市白沙工业大道265号 电话：07348960168 开户行及账号：062488561745				密码区	略	
货物或应税劳务名称	规格型号	单位	数量	单价	金额	税率	税额
设备电路检测费					9000.00	6%	540.00
合计					￥9000.00		￥540.00
价税合计（大写）	⊗玖仟伍佰肆拾元整				（小写）￥9540.00		
销货单位	名称：西安标准公司 纳税人识别号：0967454331 地址：西安市西三环路231号 电话：0297272342 开户行及账号：工行西安丰镐路西口支行 076459042138				备注		

收款人： 复核： 开票人： 销货单位：（章）

第二联：发票联 购货方记账凭证

中国工商银行 电汇凭证（回单）

委托日期： 年 月 日

汇款人	全称		收款人	全称	
	账号			账号	
	汇出地点	省 市/县		汇入地点	省 市/县
汇出行名称			汇入行名称		
金额	人民币（大写）		千百十万千百十元角分		
汇入行盖章 年 月 日			支付密码 附加信息及用途：还前欠货款 复核 记账		

此联给收款人的收账通知

78. 收款收据

收　　款　　收　　据　　NO.0312057

第三联：记　账　　　　年　月　日

今收到	________________
人民币	________________
系　付	________________

单位盖章：　　会计：　　出纳：　　经手人：

79. 安装发票，工商银行信汇凭证（回单）

上海市服务行业统一发票

发票号码：2045871

记 账 联

全国统一发票监制章 上海市 地方税务局监制

客户：湖南朝阳车用柴油机配件公司　　地址：　　2015 年 12 月 14 日

项目	单 位	数 量	单 价	金额 万	千	百	十	元	角	分	备注
机床安装费					2	3	0	0	0	0	略
				¥	2	3	0	0	0	0	
合计金额（大写）	贰仟叁佰元整										
说明：本票只限于未设立专用服务发票其它服务行业使用											

发票专用章（未盖章无效）：　　开票人：　　收款人：张

上海立山机床 310302226534564 发票专用章

中国工商银行信汇凭证（回单）　1

委托日期：　　年　　月　　日

汇款人	全　称		收款人	全　称	
	账　号			账　号	
	汇出地点	省　　市/县		汇入地点	省　　市/县
汇出行名称			汇入行名称		
金额	人民币（大写）		千 百 十 万 千 百 十 元 角 分		
汇出行盖章 2015 年 12 月 日			支付密码		
			附加信息及用途： 复核　记账		

此联汇出行给汇款人的回单

80. 固定资产交接单

固定资产交接单

年　月　日

资产名称	规格型号	计量单位	数量	安装完工日期	实际成本					备注
					设备费	运杂费	安装费	利息	合计	

移交单位		负责人		接收单位		负责人	
		会计主管				会计主管	
		经办人				经办人	

81. 收料单

82. 增值税发票，产品出库单，托收凭证（交银行盖单后回单退回）

托收凭证（受理回单）　　1

委托日期：　年　月　日

业务类型	委托收款（□邮划、□电划）　托收承付（□邮划、□电划）					
付款人	全称		收款人	全称		
	账号			账号		
	地址	省　市县　开户行		地址	省　市县　开户行	
金额	人民币（大写）				亿 千 百 十 万 千 百 十 元 角 分	
款项内容		托收凭证名称		附寄单证张数		
商品发运情况			合同名称号码			
备注： 复核　记账	款项收妥日期 年　月　日		收款人开户银行盖章			

此联作收款人开户银行给收款人的受理回单

83. 领料单（两张）

84. 转账支票，对方发票

430411187057 **湖南省增值税专用发票** No 00122635

发 票 联 开票日期：2015年12月16日

名 称：湖南朝阳车用柴油机配件有限责任公司 纳税人识别号：07348832662 地 址：衡阳市白沙工业大道265号 电 话：07348960168 开户行及账号：中国工商银行衡阳市白沙洲支行062488561745					密码区	略		
货物或应税劳务名称	规格型号	单位	数量	单 价	金额	税率	税 额	
锰		吨	5	4570.00	22850.00	13%	2970.50	
铬		吨	2	5800.00	11600.00	13%	1508.00	
硅		吨	7	5100.00	35700.00	13%	4641.00	
合 计					￥70150.00		￥9119.50	
价税合计（大写）	⊗柒万玖仟贰佰陆拾玖元伍角				（小写）￥79269.50			
销货单位	名 称：花垣矿产品贸易公司 纳税人识别号：430404115466778 地 址：湖南衡阳松江乡 电 话：0734-7577411 开户行及账号：中国银行衡阳分行中心支行营业部56453342320				备注			

第二联：发票联 购货方记账凭证

收款人： 复核： 开票人： 销货单位（章）

85. 成交过户交割单

12/17/2015 **成交过户交割凭单** 买

股东编号：	A60432401	成交证券：	神龙
电脑编号：	652004	成交数量：	6000
公司代号：	156	成交价格：	10.00
申请编号：	875	成交金额：	60000.00
申报时间：	13：45：10	标准佣金：	180.00
成交时间：	13：55：45	过户费用：	
上次余额：	0（股）	印花税：	60.00
本次成交：	6000（股）	应付金额：	60240.00
本次余额：	6000（股）	最终余额：	10000.00
附加费用：		实付金额：	60240.00

客户联

经办单位： 客户签章：湖南朝阳车用柴油机配件公司

86. 增值税发票，产品出库单
87. 领料单（两张）
88. 领料单
89. 转账支票，对方发票，收料单

4304044568　　**湖南省增值税专用发票**　　No 03678954

发票联

开票日期：2015 年 12 月 18 日

购货单位	名　称：湖南朝阳车用柴油机配件有限责任公司 纳税人识别号：07348832662 地　址：衡阳市白沙工业大道 265 号 电　话：07348960168 开户行及账号：中国工商银行衡阳市白沙洲支行 062488561745	密码区	略　　略

货物或应税劳务名称	规格型号	单位	数量	单价	金额	税率	税额
工作防护服		件	80	100.00	8000.00	17%	1360.00
合　计					￥8000.00		￥1360.00
价税合计（大写）	⊗玖仟叁佰陆拾元整				（小写）￥9360.00		

销货单位	名　称：衡阳市劳保用品公司 纳税人识别号：430404456815426 地　址：衡阳市中山南路 113 号 电　话：8211211 开户行及账号：工行雁峰支行 678004342057891	备注	

收款人：陈　　复核：　　开票人：　　销货单位：（章）

衡阳市劳保用品公司 430404456815426 发票专用章

第二联：发票联　购货方记账凭证

90. 建行外汇收账通知

中国建设银行衡阳分行外汇收账通知

2015 年 12 月 18 日

银行编号	公司编号	外币金额	备注
0506	1102	USD$18000	收取巴基斯坦默罕默德公司支付购货款

合计外币金额	百	十	万	千	百	十	元	角	分	牌价	折人民币金额	百	十	万	千	百	十	元	角	分
	U	$	1	8	0	0	0	0	0	6.8		¥	1	2	2	4	0	0	0	0
											银行手续费									
											净额	¥	1	2	2	4	0	0	0	0

（印章：中国建设银行衡阳市支行 转讫 (5)）

91. 领条

领条

今领到王德海丧葬补贴和慰问金捌佰元整（800 元）。

王一可

2015-12-18

同意付款！　胡林立

2015.12.18

92. 对方增值税发票，收料单

92-1　430411057254　**湖南省增值税专用发票**　No 005648974

发 票 联　开票日期：2015 年 12 月 18 日

名　称：湖南朝阳车用柴油机配件有限责任公司 纳税人识别号：07348832662 地　址：衡阳市白沙工业大道 265 号 电　话：07348960168 开户行及账号：中国工商银行衡阳市白沙洲支行 062488561745				密码区	略		
货物或应税劳务名称	规格型号	单位	数量	单　价	金额	税率	税　额
气缸木箱	490	个	7000	75	525000.00	17%	89250.00
气缸木箱	485	个	3000	50	150000.00	17%	25500.00
合　计					675000.00		114750.00
价税合计（大写）	⊗柒拾捌万玖仟柒佰伍拾元整				（小写）￥789750.00		
销货单位	名　称：恒利包装箱有限公司 纳税人识别号：430401155510748 地　址：湖南衡南三塘镇 电　话：　6484555 开户行及账号：工行衡阳分行中心支行营业部 6054 8789 5511			备注			

收款人：　复核：　开票人：　销货单位：（章）

第二联：发票联　购货方记账凭证

93. 收料单

94.《农机之友》广告费发票，转账支票

94–1 广告费发票

《农机之友》杂志社发票

发票联

NO.0455878

户名：湖南朝阳车用柴油机配件有限责任公司　2015 年 12 月 19 日

项目	起止日期	单　价	金　额						
			万	千	百	十	元	角	分
广告费	2015 年 1 月 2015 年 12 月	1250.00 (月)	1	5	0	0	0	0	0
合计（大写）	人民币：壹万伍仟元整								

收款人：　复核：　开票人：张青云　单位盖章：

此联为报销凭证

95. 固定资产报废单

固定资产报废单

2015 年 12 月 19 日

<table>
<tr><td>固定资产
名称及编号</td><td>规格
型号</td><td>单位</td><td>数量</td><td colspan="2">预计使用
年限</td><td>已使用
年限</td><td>原始价值</td><td>已提折旧
（含本月）</td><td>备　注</td></tr>
<tr><td></td><td></td><td></td><td></td><td colspan="2"></td><td></td><td></td><td></td><td></td></tr>
<tr><td>固定资产状况
及报废原因</td><td colspan="9">陈旧, 不能满足产品检测要求</td></tr>
<tr><td rowspan="2">处理意见</td><td colspan="3">使用部门</td><td colspan="2">技术鉴定小组</td><td colspan="2">固定资产管理部门</td><td colspan="2">总经理审批</td></tr>
<tr><td colspan="3">无法使用</td><td colspan="2">情况属实</td><td colspan="2">同意转入清理</td><td colspan="2">同意</td></tr>
</table>

96. 增值税发票，产品出库单，信汇凭证（收账通知）

96-3　　中国工商银行信汇凭证（收账通知）　4

委托日期：2015 年 12 月 11 日

<table>
<tr><td rowspan="3">汇款人</td><td>全　称</td><td>振宇公司</td><td rowspan="3">收款人</td><td>全　称</td><td>湖南朝阳车用柴油机配件有限责任公司</td><td rowspan="6">此联给收款人的收账通知</td></tr>
<tr><td>账　号</td><td>2019033550112226010</td><td>账　号</td><td>062488561745</td></tr>
<tr><td>汇出地点</td><td>湖北　省　武汉　市/县</td><td>汇入地点</td><td>湖南　省　衡阳　市/县</td></tr>
<tr><td colspan="2">汇出行名称</td><td>工行湖北省分行武汉支行</td><td colspan="2">汇入行名称</td><td>中国工商银行衡阳市白沙洲支行</td></tr>
<tr><td>金额</td><td>人民币
（大写）</td><td colspan="3">肆拾伍万壹仟零叁拾伍元整</td><td>千 百 十 万 千 百 十 元 角 分
　 ¥ 4 5 1 0 3 5 0 0</td></tr>
<tr><td colspan="3">款项已收入收款人账户。
中国工商银行衡阳市分行
白沙洲支行
转讫
汇入行盖章
2015 年 12 月 1 日</td><td colspan="3">支付密码
附加信息及用途：
货款
复核　　　记账</td></tr>
</table>

97. 设备转让协议，增值税专用发票，进账单

97-1 设备转让协议

设备转让协议

甲方：湖南朝阳车用柴油机配件有限责任公司

乙方：长沙机械制造有限公司

甲方将一台旧叉车转让给乙方，转让价为 80000 元，通过银行汇票付款。长沙机械制造有限公司开户行为农行长沙支行三分理处，账号为 578012444568。设备于协议签订日交付。

甲方（签章）　　　　乙方（签章）

2015 年 12 月 19 日

98-1

固定资产处置报告单

清字 42 号

使用单位：包装车间　　　　2015 年 12 月 19 日

固定资产名称	规格型号	单位	数量	重新估计使用年限	原值	原已提折旧	提取的减值准备	提取减值准备后已提折旧月数	预计净残值
叉车		辆	1		96600	19320			
技术鉴定意见	闲置叉车，需处置　鉴定员：林正方								
审核处理意见	经研究同意处理。								
厂领导意见	同意　周千里　2015．12．19								

98-2

处置固定资产累计折旧计算表

年　月　日

名称	计提准备前累计折旧额	计提准备后累计折旧额				合计
		计提基数	月折旧额	已提月份	已提折旧额（含本月）	

审核　　　　制表

99. 成交过户交割单

12/17/2015　　**成交过户交割凭单**　　买

股东编号:	A60432401	成交证券:	鼎天投资基金
电脑编号:	652004	成交数量:	80000
公司代号:	156	成交价格:	1.00
申请编号:	875	成交金额:	80000.00
申报时间:	09：35：05	标准佣金:	240.00
成交时间:	09：55：20	过户费用:	
上次余额:	0（股）	印花税:	80.00
本次成交:	6000（股）	应付金额:	80320.00
本次余额:	6000（股）	最终余额:	
附加费用:		实付金额:	80320.00

客户联

经办单位:　　客户签章: 湖南朝阳车用柴油机配件公司

100. 现金支票

101. 借款单

借　款　单

2015 年 12 月 20 日

借款人姓名	周晓	部门	办公室
借款金额	人民币（大写）肆仟元整　　￥4000.00		
借款理由	出差借款		
批准人	同意付款！　胡林立 2015.12.20	归还时间	

102. 收条

收条

今收到销售部定额备用金肆仟元整（￥4000 元）。

李亦然

2015-12-20

同意付款！　胡林立

103. 捐款收据，信汇凭证

公益性单位接受捐赠统一收据

国财 00210　　2015 年 12 月 20 日　　NO.00086896

捐　赠　者　湖南朝阳车用柴油机配件有限责任公司

捐赠项目　四川地震捐款

捐赠金额（实物价值）大写　伍仟元整

接收单位（签章）　审核　经手人　支票号

感谢您的慷慨捐赠

第二联　捐赠者

中国红十字会 财务专用章

中国工商银行信汇凭证（回单）　1

委托日期：　年　月　日

汇款人	全　称		收款人	全　称	
	账　号			账　号	
	汇出地点	省　市/县		汇入地点	省　市/县
汇出行名称			汇入行名称		

		千	百	十	万	千	百	十	元	角	分
金额	人民币（大写）										

汇出行盖章 2015 年 12 月　日	支付密码 附加信息及用途： 复核　记账

此联汇出行给汇款人的回单

104. 收款收据

收　款　收　据　　NO.0358140

第三联：记　账　　年　月　日

今收到 ______________________

人民币 ______________________

系　付 ______________________

单位盖章：　会计：　出纳：　经手人：

105. 领料单

106. 方增值税发票，运费发票，信汇凭证

106-1　　534530170326　　**山西省增值税专用发票**　　No 40028335

发 票 联　　开票日期：2015 年 12 月 21 日

<table>
<tr><td rowspan="2" colspan="4">名　称：湖南朝阳车用柴油机配件有限责任公司
纳税人识别号：07348832662
地　址：衡阳市白沙工业大道 265 号
电　话：07348960168
开户行及账号：中国工商银行衡阳市白沙洲支行 062488561745</td><td>密码区</td><td colspan="3">略　　略</td></tr>
<tr></tr>
<tr><td>货物或应税劳务名称</td><td>规格型号</td><td>单位</td><td>数量</td><td>单 价</td><td>金额</td><td>税率</td><td>税 额</td></tr>
<tr><td>焦炭</td><td></td><td>吨</td><td>100</td><td>1150.00</td><td>115000.00</td><td>17%</td><td>19550.00</td></tr>
<tr><td>合 计</td><td></td><td></td><td></td><td></td><td>￥115000.00</td><td></td><td>￥19550.00</td></tr>
<tr><td>价税合计（大写）</td><td colspan="7">⊗壹拾叁万肆仟伍佰伍拾元整　　（小写）￥134550.00</td></tr>
<tr><td>销货单位</td><td colspan="3">名　称：山西大同煤炭厂
纳税人识别号：5345302256426534
地　址：
电　话：
开户行及账号：农业银行山西大同支行明发路分理处 6120 5895 5412 774</td><td>备注</td><td colspan="3">山西大同煤炭厂 5345302256426534 发票专用章</td></tr>
</table>

收款人：　　复核：　　开票人：　　销货单位：（章）

第二联：发票联　购货方记账凭证

106-2

4201891345 **货物运输业增值税专用发票** No 00786590

发 票 联 开票日期：2015年12月21日

承运人员 纳税人识别号	湖南长江联运公司 430441012358468	密码区	略
实际受票方及 纳税人识别号	湖南朝阳车用柴油机配件有限公司 07348832662		
收货人及 纳税人识别号	湖南朝阳车用柴油机配件有限公司 07348832662	发货人及 纳税人识别号	山 西 大 同 煤 炭 厂 5345302256426534
起运地、经由、到达地			
费用项目及金额	费用项目 金额 费用项目 金额 运输费 1000.00	运输货物信息	
合计金额	￥1000.00 税率 11% 税额 ￥110.00	机器编号	
价税合计（大写）	⊗壹仟壹佰壹拾元整	（小写）￥1110.00	
车种车号	车船吨位	备注	湖南长江联运公司 430441012358468 发票专用章
主营税务机关及代码	湖南省长沙市国家税务局 213490680		

收款人： 复核： 开票人： 销货单位（章）

第二联：发票联 购货方记账凭证

106-3

中国工商银行信汇凭证（回单） 1

委托日期：　　年　　月　　日

汇款人	全　称		收款人	全　称	
	账　号			账　号	
	汇出地点	省　　市/县		汇入地点	省　　市/县
汇出行名称			汇入行名称		

金额	人民币（大写）	千	百	十	万	千	百	十	元	角	分

汇出行盖章 2015 年 12 月　日	支付密码 附加信息及用途： 复核　　记账

此联汇出行给汇款人的回单

107. 领料单

108. 贷款还款凭证

中国工商银行贷款还款凭证

2015 年 12 月 21 日

借款单位名称	湖南朝阳车用柴油机配件公司	贷款账号	062488561745	结算账号	0734125789546030

还款金额（大写）	人民币伍拾万元整	千	百	十	万	千	百	十	元	角	分
			¥	5	0	0	0	0	0	0	0

贷款种类	流动资金借款	借出日期	约定还款日期
		2015 年 5 月 21 日	2015 年 12 月 21 日

上列款项从本单位往来户如数支付。 单位签章	银行盖章 中国工商银行衡阳市分行 白沙洲支行 转讫	

第一联

109. 增值税发票，产品出库单，信汇凭证（收账通知）

109-1 中国工商银行信汇凭证（收账通知） 4

委托日期：2015 年 12 月 21 日

汇款人	全　称	五洲公司	收款人	全　称	湖南朝阳车用柴油机配件有限责任公司
	账　号	2019033550112226010		账　号	062488561745
	汇出地点	湖北　省　武汉　市/县		汇入地点	湖南　省　衡阳　市/县
汇出行名称		**工行湖北省分行武汉支行**	汇入行名称		中国工商银行衡阳市白沙洲支行
金额	人民币（大写）	玖拾伍万零肆拾元整			千 百 十 万 千 百 十 元 角 分 ¥ 9 5 0 0 4 0 0 0
款项已收入收款人账户。 中国工商银行衡阳市分行 白沙洲支行 转讫 汇入行盖章 2015 年 12 月 21 日			支付密码 附加信息及用途： 合同定金 复核　　记账		

此联给收款人的收账通知

110. 信汇凭证（收账通知）

中国工商银行信汇凭证（收账通知） 4

委托日期：2015 年 12 月 21 日　　应解汇款编号

汇款人	全　称	大通公司	收款人	全　称	湖南朝阳车用柴油机配件有限责任公司
	账　号	2010 7548 4561 584		账　号	062488561745
	汇出地点	广东　省　广州　市/县		汇入地点	湖南　省　衡阳　市/县
汇出行名称		中国银行广东分行天河支行	汇入行名称		中国工商银行衡阳市白沙洲支行
金额	人民币（大写）	伍佰万元整			千 百 十 万 千 百 十 元 角 分 ¥ 5 0 0 0 0 0 0 0 0
款项已收入收款人账户。 中国工商银行衡阳市分行 白沙洲支行 转讫 汇入行盖章 2015 年 12 月 21 日			支付密码 附加信息及用途： 投入股本 复核　　记账		

此联给收款人的收账通知

111. 产品入库单

112. 产品入库单

113. 银行汇票申请书

中 国 工 商 银 行

银行汇票申请书（存根） 1

申请日期： 年 月 日 NO.000567

申请人	全 称		收款人	全 称	
	账 号			账 号	
	开户银行			开户银行	
用 途			代理付款行		
汇票金额	人民币（大写）				千 百 十 万 千 百 十 元 角 分
备注：			科 目 对方科目 财务主管 复核 经办		

此联申请人留存

114、收料单

115、贷款利息通知单

115-1

中国工商银行贷款利息通知单

2015 年 12 月 22 日

账 号	户 名	计息期	积 数	利率(月)	利息金额
062488561745	湖南朝阳车用柴油机配件有限责任公司	2015 年 11 月 22 日起 2015 年 12 月 21 日 止	￥1350000	0.42%	￥5670.00
大写金额：人民币伍仟陆佰柒拾元整					
上列款项已从你单位往来户如数支付。 银行盖章			备注：		

（印章：中国工商银行衡阳市分行 白沙洲支行 转讫）

此联由银行送单位作支款通知

115-2　　托收凭证（收账通知）

托收凭证（汇款凭证或收账通知）

委托日期：2015年12月22日　　付款期限 2015年12月22日

业务类型	委托收款（口邮划、口电划）　托收承付（口邮划、口电划）						
付款人	全称	九州有限公司		收款人	全称	湖南朝阳车用柴油机配件有限责任公司	
	账号	019542354502			账号	062488561745	
	地址	湖南省长沙 市 县	开户行　农行长沙分行		地址	湖南省衡阳 市 县	开户行　中国工商银行衡阳市白沙洲支行

金额	亿	千	百	十	万	千	百	十	元	角	分
人民币（大写）玖拾伍万肆仟柒佰贰拾元整			¥	9	5	4	7	2	0	0	0

款项内容	货　款	托收凭证名称		附寄单证张数	3
商品发运情况	已发运	合同名称号码	0312		
备注： 复核：　记账：	款项受托日期 2015年12月22日	收款人开户行盖章			

中国工商银行衡阳市分行 白沙洲支行 转讫

116. 领料单（两张）

117. 领料单

118. 票据贴现凭证

票据贴现凭证（收账通知） 4

填写日期：　年　月　日　　　　NO：3211

申请人	全　称		贴现汇票	种类及号码	商业承兑汇票
	账　号			出票日	200　年　月　日
	开户银行			到期日	200　年　月　日
汇票承兑人			账号		开户银行
汇票金额		人民币（大写）			千 百 十 万 千 百 十 元 角 分
年贴现率		贴现利息		实付金额	千 百 十 万 千 百 十 元 角 分
上述款项已入你单位账户。			备注：		

银行盖章

年　月　日

此联银行给贴现申请人的收账通知

119. 现金支票

120. 增值税发票，产品出库单

121. 进账单

122. 增值税专用发票，进账单

123. 医院收据

衡阳市附一医院门诊收费收据

姓名：章西　　20[illegible]5年12月24日　　NO.459871

西　药	794.00	检　查	540.00	化　验	160.00
治　疗		输　血		输　氧	
中　药		手　术		其　他	
共计人民币：壹仟肆佰玖拾肆元整　　￥1494.00					

收费员　　陈艳

衡阳市附一医院 430412358463456 发票专用章

一　报销联

124. 餐费发票，汽油发票

湖南省衡阳市饮食业发票

发票联

客户名称：朝阳车用柴油机配件有限责任公司　　2015 年 12 月 24 日

项目	金额	备注
餐费	788.00	
合计人民币（大写）：柒佰捌拾捌元整		

第三联：发票

单位盖章：湖南省长乐餐饮有限公司 430404010220l 发票专用章　　开票：林珍

湖南省石油公司商业零售统一发票

发票联

NO.0012456

2015 年 12 月 24 日　　客户名称：湖南朝阳车用柴油机配件公司

品名规格	单位	数量	单价	满万元无效	千	百	十	元	角	分
汽油	升	190	5.00			9	5	0	0	0
合计（大写）玖佰伍拾元整					¥	9	5	0	0	0

第二联　发票联

填票人：王致瑞　　收款人：　　单位（盖章）湖南省石油公司衡阳分公司 财务专用章

125. 环保局收据，转账支票

收　款　收　据　　NO.0087454

第二联：交　款　　2015 年 12 月 24 日

今收到 湖南朝阳车用柴油机配件公司

人民币 壹仟肆佰元整　¥1400.00

系　付 排污水费

单位盖章：衡阳市环境保护局 财务专用章　　会计：　　出纳：陈乔　　经手人：马林

126. 差旅费报销单（后附原始单据略），收款收据

差旅费报销单

姓名：周晓　　　　2015 年 12 月 25 日

起止日期	起止地点	汽车费	火车费	飞机费	途中补助	食宿费	住勤补助	杂费	合计	单据
12 月 11 日	衡阳—北京		450.00		40.00				490.00	2
12. 12–12..16	食宿					2818.00	150.00		2968.00	23
12 月 17 日	北京—衡阳		450.00		40.00				490.00	2
合　计			900.00		80.00	2818.00	150.00		3948.00	27
合计核销金额（大写）叁仟玖佰肆拾捌元整 ￥3948.00										

领导批示：请核报　胡林立　12 月 25 日

收　款　收　据

NO.0358141

第三联：记　账　　　　年　月　日

今收到	
人民币	
系　付	

单位盖章：　　会计：　　出纳：　　经手人：

127. 托收凭证（付款通知）

127-1 **托收凭证**（付款通知） 5

委托日期：2015 年 12 月 22 日 付款期限 2015 年 12 月 25 日

业务类型	委托收款（□邮划、□电划） 托收承付（□邮划、□电划）							
付款人	全称	湖南朝阳车用柴油机配件有限责任公司		收款人	全称	湘南废品回收公司		
	账号	062488561745			账号	091482542138		
	地址	湖南省衡阳 市/县	开户行：中国工商银行衡阳市白沙洲支行		地址	湖南省长沙 市/县	开户行：工行长沙支行红旗路分理处	
金额	人民币（大写）	贰佰万元整		亿 千 百 十 万 千 百 十 元 角 分		￥ 2 0 0 0 0 0 0 0 0		
款项内容	货款	托收凭证名称	、商业承兑汇票	附寄单证张数	1			
商品发运情况				合同名称号码				
备注： 付款人开户行收到日期 2015 年 12 月 22 日 复核 记账	付款人开户银行签章 2015 年 12 月 25 日 （印章：中国工商银行衡阳市分行 白沙洲支行 转讫）			付款人注意： 1.根据支付结算办法，上列委托收款（托收承付）款项在付款期限内未提出拒付，即视为同意付款，以此代付款通知。 2.如需提出全部或部分拒付，应在规定期限内，将拒付理由书及债务证明退交开户银行。				

此联付款人开户银行给付款人按期付款通知

128. 增值税发票，产品出库单、信汇凭证（收账通知）

128-3

中国工商银行信汇凭证（收账通知） 4

委托日期：2015 年 12 月 20 日

汇款人	全　称	丰收公司	收款人	全　称	湖南朝阳车用柴油机配件有限责任公司
	账　号	6115 5462 154		账　号	062488561745
	汇出地点	广西　省　南宁　市/县		汇入地点	湖南　省　衡阳　市/县
汇出行名称		**工行广西省分行南宁支行**	汇入行名称		中国工商银行衡阳市白沙洲支行

金额	人民币（大写）	千	百	十	万	千	百	十	元	角	分
	柒拾贰万陆仟伍佰柒拾元整		¥	7	2	6	5	7	0	0	0

款项已收入收款人账户 汇入行盖章 2015 年 12 月 25 日	支付密码 附加信息及用途： 货款 复核　　　记账

（印章：中国工商银行衡阳市分行 白沙洲支行 转讫）

此联给收款人的收账通知

129. 领料单

130. 报刊费发票，转账支票

130-1

《农机之友》发行部发票

第二联：发　票　　　　NO.0465212

户名：湖南朝阳车用柴油机配件有限责任公司　　2015 年 12 月 26 日

代号	杂志名称	份数	起止日期	单　价	万	千	百	十	元	角	分
065	农机之友	10	2015 年 1 月 2015 年 12 月	120.00（年）	¥	1	2	0			0
合计大写	人民币：壹仟贰佰元整										

（印章：《农机之友》杂志社 财务专用章）

收款人：　　　复核：　　　开票人：张青云　　　单位盖章：

此联为报销凭证

131. 增值税发票，产品出库单

132. 转让发票

02524456 **北京市增值税专用发票** No 023668941

发 票 联 开票日期：2015 年 12 月 26 日

购货单位	名 称：湖南朝阳车用柴油机配件有限责任公司 纳税人识别号：07348832662 地 址：衡阳市白沙工业大道 265 号 电 话：07348960168 开户行及账号：中国工商银行衡阳市白沙洲支行 062488561745				密码区	略	
货物或应税劳务名称	规格型号	单位	数量	单价	金额	税率	税额
专利权 E					66038. 00	6%	3962. 00
合 计					￥66038. 00		￥3962. 00
价税合计（大写）	⊗柒万元整				（小写）￥70000. 00		
销货单位	名 称：北京科技大学高新技术产业公司 纳税人识别号：102545155 地 址：北京科技大学创业园区 电 话：01082828123 开户行及账号：工行北京市海淀区东升支行 088232542132				备注		

第二联：发票联 购货方记账凭证

收款人： 复核： 开票人： 销货单位：（章）

133. 土地转让合同书，行政事业收据，转账支票

133-1

土地转让合同书

甲方：湖南朝阳车用柴油机配件有限责任公司

乙方：衡阳市长湖乡人民政府

甲方购买乙方 2 000 平方米土地，其使用权为 50 年，总价款为 30 万元。为明确经济责任，签订本合同。

一、甲方在合同签订日支付 10 万元，余款在以后两年年末平均支付。

二、甲方在首次支付 10 万元后的一个月内，办理完土地使用权转让手续，乙方协助其办好转让手续。

三、甲方欠款以其办公楼作抵押担保。

甲方 乙方

2015 年 12 月 26 日

133-2 **湖南省非税收入专用收据** 编号：6012358

缴费单位：湖南朝阳车用柴油机配件公司 2015年12月26日

项目	单位	数量	单价	金额									备注
				百	十	万	千	百	十	元	角	分	
土地转让费	M^2	2000			1	0	0	0	0	0	0	0	略
				￥	1	0	0	0	0	0	0	0	
合计金额（大写）	人民币壹拾万元整												

发票专用章（未盖章无效）： 开票人： 收款人：李英

134. 契税完税凭证；转账支票

134-1 **中华人民共和国契税完税凭证**

2015年12月26日

征收机关	衡阳市财政局	纳税人名称	湖南朝阳车用柴油机配件有限责任公司	地址	衡阳市白沙工业大道265号
地理位置	衡阳市长湖乡	税款所属时期	2015年12月	契约成立日期	12月26日
征收项目	房地产权属转移面积（m^2）	计税金额	税率	实纳税额	
契税	2 000	300 000元		10 000元	
逾期　天，每日按滞纳税款加收　‰的滞纳金					
金额合计（大写）壹万元整					
征收机关（盖章）	委托代征代扣单位（盖章）		备注：		
经办人（章）	经办人（章）				

135. 转账支票，收料单，对方增值税发票

135-3　430411034512　**湖南省增值税专用发票**　No 008112564

发　票　联　　开票日期：2015 年 12 月 18 日

名　称：湖南朝阳车用柴油机配件有限责任公司 纳税人识别号：07348832662 地　址：衡阳市白沙工业大道 265 号 电　话：07348960168 开户行及账号：中国工商银行衡阳市白沙洲支行 062488561745				密码区	略		
货物或应税劳务名称	规格型号	单位	数量	单　价	金额	税率	税　额
酒精		公斤	1000	3.58	3580.00	17%	608.60
合　计					￥3580.00		￥608.60
价税合计（大写）	⊗肆仟壹佰捌拾捌元陆角				（小写）￥4188.60		
销货单位	名　称：衡阳向东化工厂 纳税人识别号：430425377956512 地　址：湖南衡阳长湖乡 电　话：456488C 开户行及账号：工行衡阳分行长湖营业部 6054 2245 3366 220			备注			

第二联：发票联　购货方记账凭证

收款人：　　复核：　　开票人：　　销货单位：（章）

136. 财产清查报告

财产清查报告单

年　月　日

类别	名　称	计量单位	数　量		盘　盈		盘　亏		原　因
			账　存	实　存	数　量	金　额	数　量	金　额	
合　计									

会计主管：　　保管员：　　盘点人：

137. 无

138. 信汇凭证（回单），捐款收据

138-1

中国工商银行信汇凭证（回单） 1

委托日期：　　年　　月　　日

汇款人	全　称		收款人	全　称	
	账　号			账　号	
	汇出地点	省　　市/县		汇入地点	省　　市/县
汇出行名称			汇入行名称		
金额	人民币（大写）		千 百 十 万 千 百 十 元 角 分		
汇出行盖章 2015年12月　日			支付密码 附加信息及用途： 复核　　记账		

此联汇出行给汇款人的回单

138-2

公益性单位接受捐赠统一收据

国财 00210　　2015 年 12 月 27 日　　（08）No 012587987

捐　赠　者 湖南朝阳车用柴油机配件有限责任公司

捐赠项目　“春蕾工程”捐款

捐赠金额（实物价值）大写　贰仟元整

（￥2000.00）

货币（实物）种类

备注

湖南省青少年发展基金会 财务专用章

第二联　捐赠者

接收单位（签章）　　审核　　经手人　　支票号

感谢您的慷慨捐赠

139. 领料单（两张）

140. 进账单，增值税发票，材料让售通知单，材料让售出库单

材料让售通知单

NO：001

第二联（通知联）

购料单位：　　　　　　年　月　日

材料编号	材料名称	规格	单位	数量	单价	金额	备注
合计金额（大写）							

供应单位主管：　　　　　　制单：

材料让售出库单

NO：0001

年　月　日

购货单位	产品名称及型号	单位	数量	备注
合计金额（大写）				

仓库负责人：　　　　提货人：　　　　经办人：

141. 工资结算汇总表

工资结算汇总表

2015 年 12 月 28 日

部门名称	人员类别	月工资	夜班津贴	加班工资	病假应扣	事假应扣	应发工资	代扣款项								
								养老保险	失业保险	医疗保险	住房公积金	企业年金	个税	水费	电费	实发工资
铸造车间	生产工人															
	管理人员															
加工车间	生产工人															
	管理人员															
包装车间	生产工人															
	管理人员															
机修车间																
销售部门																
管理部门																
合 计																

142. 转账支票，退体工资发放表

退休补助发放表

2015 年 12 月 28 日

姓　名	退休工资	合　计	签　名
张玉	600.00	600.00	张玉
李敏	500.00	500.00	李敏
……	……	……	……
合　计	10000	10000	

143. 收条

今收到困难补助壹仟元整（￥1000 元）。

李炎

2015-12-28

同意付款！　胡林立

144. 现金缴款单

中国工商银行现金进账（交款）单

年　　月　　日

收款人	全　称				
	账　号		款项来源		
	开户银行		交款人		
人民币（大写）：				千 百 十 万 千 百 十 元 角 分	

票　面	张　数	票　面	张　数	票　面	张　数	
						记账　　复核 出纳　　复核 年　月　日

一记账凭证

145. 信汇凭证（收款通知），增值税发票，产品出库单

145-1　中国工商银行信汇凭证（收账通知）　4

委托日期：2015 年 12 月 26 日

汇款人	全　称	资江内燃机公司	收款人	全　称	湖南朝阳车用柴油机配件有限责任公司
	账　号	0198 6754 5462 332		账　号	062488561745
	汇出地点	湖南 省 资江 市/县		汇入地点	湖南 省 衡阳 市/县
汇出行名称		工行资江市分行长山营业部	汇入行名称		中国工商银行衡阳市白沙洲支行
金额	人民币（大写）	玖拾捌万玖仟捌佰贰拾元整			
款项已收入收款人账户。 汇入行盖章 2015 年 12 月 28 日			支付密码 附加信息及用途： 货款 复核　　记账		

千	百	十	万	千	百	十	元	角	分
	¥	9	8	9	8	2	0	0	0

此联给收款人的收账通知

146. 电信发票，转账支票

146-1 **湖南省电信公司衡阳分公司电信业务专用发票**

（发票联）

2015 年 12 月 28 日 NO.05879451

号码：8786543				业务种类：话费与网络费
用户名称：湖南朝阳车用柴油机配件有限责任公司				付款方式：转账
项　目		金　额		备注 话务清单略
话费及月租		3658		
网络使用费		300		
合计（大写）	叁仟玖佰伍拾捌元整		合计（小写）	￥3958.00

开票人：108 收款人：1547

147. 产品入库单

148. 产品入库单

149. 财产清查处理意见

关于财产清查结果的处理意见

湖南朝阳车用柴油机配件有限责任公司财务部：

你部上报的财产清查结果情况，经经理会议研究做出如下处理意见：作防护服的损失由保管员杨小珍负担 200 元，其余作营业外支出处理。

总经理：周千里

2015 年 12 月 29 日

150. 银行收费收据

中国工商银行衡阳市（ 支行 ）
邮、电、手续费收费凭证（付出传票）

2015 年 12 月 29 日

<table>
<tr><td colspan="10">缴款单位名称：湖南朝阳车用柴油机配件有限责任公司</td><td colspan="6">帐号：062488561745</td><td colspan="5">信汇笔数　　电汇笔数
异地托收信用证　　笔数（邮）（电）</td></tr>
<tr><td colspan="5">邮费金额</td><td colspan="5">电费金额</td><td colspan="5">手续费金额</td><td colspan="6">合计金额</td></tr>
<tr><td>百</td><td>十</td><td>元</td><td>角</td><td>分</td><td>百</td><td>十</td><td>元</td><td>角</td><td>分</td><td>百</td><td>十</td><td>元</td><td>角</td><td>分</td><td>千</td><td>百</td><td>十</td><td>元</td><td>角</td><td>分</td></tr>
<tr><td></td><td></td><td></td><td></td><td></td><td></td><td></td><td></td><td></td><td></td><td>5</td><td>1</td><td>9</td><td>0</td><td>0</td><td></td><td>5</td><td>1</td><td>9</td><td>0</td><td>0</td></tr>
<tr><td colspan="3">合计金额</td><td colspan="12">人民币（大写）：伍佰壹拾玖元零角零分</td><td colspan="6">收款银行盖章　2015 年 12 月 29 日</td></tr>
</table>

中国工商银行衡阳市分行 白沙洲支行 转讫

151企业五险两金，工会经费，职工教育经费提取计算表

部门	人员类别	月工资	企业五险两金，工会经费，职工教育经费提取表									计提项目合计
			养老保险 20%	失业保险 2%	医疗保险 7%	工伤保险 1%	生育保险 0.6%	住房公积金 9%	工会经费 1%	职工教育经费 1.5%	企业年金 8%	
铸造车间	生产工人											
	管理人员											
加工车间	生产工人											
	管理人员											
包装车间	生产工人											
	管理人员											
机修车间												
销售部门												
管理部门												
合计												

152. 托收凭证（付款通知），医保基金专用收据

152-1

托收凭证（付款通知）　　5

委托日期：2015 年 12 月 25 日　　付款期限 2015 年 12 月 29 日

业务类型	委托收款（□邮划、□电划）　托收承付（□邮划、□电划）						
付款人	全称	湖南朝阳车用柴油机配件有限责任公司		收款人	全称	衡阳市医疗保险中心	
	账号	085748123547			账号	102098458557	
	地址	湖南省衡阳 市/县	开户行 中国工商银行衡阳市白沙洲支行		地址	湖南省衡阳 市/县	开户行 工行衡阳分行雁峰分理处
金额	人民币（大写）	捌万陆仟肆佰陆拾肆元肆角肆分					
款项内容	医保费	托收凭证名称	医保基金专用发票	附寄单证张数	1		
商品发运情况				合同名称号码			

亿	千	百	十	万	千	百	十	元	角	分
			￥	8	6	4	6	4	4	4

备注： 付款人开户行收到日期 年 月 日 复核 记账	付款人开户银行签章 年 月 日	付款人注意： 1.根据支付结算办法，上列委托收款（托收承付）款项在付款期限内未提出拒付，即视为同意付款，以此代付款通知。 2.如需提出全部或部分拒付，应在规定期限内，将拒付理由书及债务证明退交开户银行。

此联付款人开户银行给付款人按期付款通知

152-2

医疗保险基金专用收据

第[illegible]联（收据联）

2015 年 12 月 25 日

缴款单位	单位全称	湖南朝阳车用柴油机配件有限责任公司	收款单位	单位全称	衡阳市医疗保险中心
	开户及账号	中国工商银行衡阳市白沙洲支行 085748123547		收费名目	医疗保险金
	在职人数			开户及账号	工行衡阳分行雁峰分理处 102098458557
	缴费基数	960716.00		电话或地址	

缴款内容	缴费日期	缴款基数	计缴比例	应缴金额	实缴金额	备注
单位应缴	2015年12月	960716.00	7%	67250.12	67250.12	
个人应缴	2015年12月	960716.00	2%	19214.32	19214.32	
合　计				86464.44	86464.44	
实收金额合计（大写）　捌万陆仟肆佰陆拾肆元肆角肆分						

收款单位（公章）　　经办人：陈鑫

153. 转账支票，社保基金专用收据

153-1

托收凭证（付款通知） 5

委托日期：2015 年 12 月 25 日　付款期限 2015 年 12 月 29 日

业务类型	委托收款（□邮划、□电划）　托收承付（□邮划、□电划）						
付款人	全称	湖南朝阳车用柴油机配件有限责任公司		收款人	全称	衡阳市社会保险管理处	
	账号	085748123547			账号	102098452165	
	地址	湖南省衡阳 市/县	开户行：中国工商银行衡阳市白沙洲支行		地址	湖南省衡阳 市/县	开户行：工行衡阳分行岳屏分理处
金额	人民币（大写）	贰拾陆万玖仟零肆角捌分					亿 千 百 十 万 千 百 十 元 角 分：¥ 2 6 9 0 0 0 4 8
款项内容	社保费（养老保险）	托收凭证名称	社保基金专用发票		附寄单证张数	1	
商品发运情况				合同名称号码			
备注： 付款人开户行收到日期 年 月 日 复核　记账		付款人开户银行签章 年 月 日		付款人注意： 1.根据支付结算办法，上列委托收款（托收承付）款项在付款期限内未提出拒付，即视为同意付款，以此代付款通知。 2.如需提出全部或部分拒付，应在规定期限内，将拒付理由书及债务证明退交开户银行。			

此联付款人开户银行给付款人按期付款通知

153-2

社会保险基金专用收据

第二联（收据联）

2015 年 12 月 25 日

缴款单位	单位全称	湖南朝阳车用柴油机配件有限责任公司	收款单位　单位全称	衡阳市社会保险基金管理处
	开户及账号	中国工商银行衡阳市白沙洲支行 085748123547	收费名目	社会保险金
	在职人数		开户及账号	工行衡阳分行岳屏分理处 102098452165
	缴费基数	960716.00	电话或地址	

缴款内容	缴费日期	缴款基数	计缴比例	应缴金额	实缴金额	备注
单位应缴	2015 年 12 月	960716.00	20%	192143.20	192143.20	
个人应缴	2015 年 12 月	960716.00	8%	76857.28	76857.28	
合　计				269000.48	269000.48	
实收金额合计（大写）　贰拾陆万玖仟零肆角捌分						

收款单位（公章）　　　　经办人：曾明

154. 转账支票，住房公积金专用收据

154-1 转账支票

154-2

住房公积金专用收据

第二联（收据联）

2015 年 12 月 25 日

缴款单位	单位全称	湖南朝阳车用柴油机配件有限责任公司	收款单位	单位全称	衡阳市住房公积金管理处
	开户及账号	中国工商银行衡阳市白沙洲支行 085748123547		收费名目	住房公积金
	在职人数			开户及账号	工行衡阳分行华新分理处 101209657847
	缴费基数	960716.00		电话或地址	

缴款内容	缴费日期	缴款基数	计缴比例	应缴金额	实缴金额	备注
单位应缴	2015 年 12 月	960716.00	9%	86464.44	86464.44	
个人应缴	2015 年 12 月	960716.00	9%	86464.44	86464.44	
合　计				172928.88	172928.88	
实收金额合计（大写）壹拾柒万贰仟玖佰贰拾捌元捌角捌分						

收款单位（公章）　　　　经办人：吴坊

155. 行政事业收据，转账支票

155-1　　**湖南省非税收入专用收据**　　**编号：4358012**

缴费单位：湖南朝阳车用柴油机配件公司　　2015 年 12 月 29 日

项目	金额									备注
	百	十	万	千	百	十	元	角	分	
诉讼费				2	0	0	0	0	0	略
			¥	2	0	0	0	0	0	
合计金额（大写）	人民币贰仟元整									

发票专用章（未盖章无效）：　　开票人：　　收款人：李芒

156. 领料单

157. 收料单，现金支票，对方发票

湖南省石油公司商业零售统一发票

发票联

NO.0014587

2015 年 12 月 29 日　　客户名称：湖南朝阳车用柴油机配件公司

品名规格	单位	数量	单价	满万元无效	金额 千	百	十	元	角	分	第二联 发票联
润滑油	桶	50	75.00		3	7	5	0	0	0	
合计（大写）叁仟柒佰伍拾元整					3	7	5	0	0	0	

填票人：王东　　收款人：　　单位（盖章）

湖南省石油公司衡阳分公司 财务专用章

158. 无形资产摊销表

无形资产摊销表

年　月　日　金额单位：元

名　称	原　值	预计摊销年限	已摊销价值	本次摊销价值	剩余价值
土地使用权	300000	50	0	500	299500
北科大专利	70000	15	0	388	69612
其他无形资产	1750000		800000	250000	700000
合计	2120000		800000	250888	1069112

159. 持有至到期投资利息收益计算表

持有至到期投资利息收益计算表

年　月　日　金额单位：元

项目	票面要素					购买日期	购买份数	购买成本	溢折价	本期溢折价摊销	投资收益
	发行日期	到期日期	票面价值	利率	偿还方式						
国库券											

160. 长期借款利息计算表

长期借款利息计算表

年　　月　　日

借款名称	借款金额	计息期间	借款利率	借款利息
合　计				

161. 发出材料成本差异计算表

发出材料成本差异计算表

年　　月　　日

领用单位及用途	材料（　　　　）			材料（　　　　）		
	计划成本	差异率	差异额	计划成本	差异率	差异额
合　计						

发出材料成本差异计算表

年　　月　　日

领用单位及用途	材料（　　　　）			材料（　　　　）		
	计划成本	差异率	差异额	计划成本	差异率	差异额
合　计						

发出材料成本差异计算表

年　月　日

领用单位及用途	材料（　　　）			材料（　　　）		
	计划成本	差异率	差异额	计划成本	差异率	差异额
合　计						

162. 付款通知，电费发票，用电统计单

162-1

托收凭证（付款通知）　　5

委托日期：2015 年 12 月 25 日　　付款期限 2015 年 12 月 30 日

业务类型	委托收款（☐邮划、☐电划）　托收承付（☐邮划、☐电划）						
付款人	全称	湖南朝阳车用柴油机配件有限责任公司		收款人	全称	衡阳市电力公司	
	账号	062488561745			账号	0198784501542	
	地址	湖南省衡阳 市/县	开户行 中国工商银行衡阳市白沙洲支行		地址	湖南省衡阳 市/县	开户行 工行市营业部
金额	人民币（大写）	玖万壹仟叁佰元整		亿 千 百 十 万 千 百 十 元 角 分	¥ 9 1 3 0 0 0 0		
款项内容	12 月份电费	托收凭证名　称	增值税发票	附寄单证张数	1		
商品发运情况		合同名称号码					
备注： 付款人开户行收到日期 年　月　日 复核　　记账	中国工商银行衡阳市分行 白沙洲支行 付讫 付款人开户银行签章 年　月　日	付款人注意： 1.根据支付结算办法，上列委托收款（托收承付）款项在付款期限内未提出拒付，即视为同意付款，以此代付款通知。 2.如需提出全部或部分拒付，应在规定期限内，将拒付理由书及债务证明退交开户银行。					

此联付款人开户银行给付款人按期付款通知

162-2 4314143381

湖南省增值税专用发票

No 000154878

发票联 开票日期 2015年12月25日

购货单位	名称：湖南朝阳车用柴油机配件有限责任公司 纳税人识别号：07348832662 地址：衡阳市白沙工业大道265号 电话：07348960168 开户行及账号：中国工商银行衡阳市白沙洲支行062488561745				密码区	略	
货物或应税劳务名称	规格型号	单位	数量	单价	金额	税率	税额
电费		度	20000	1.00	20000.00	17%	3400.00
合计					￥20000.00		￥3400.00
价税合计（大写）	⊗贰万叁仟肆佰拾元整				（小写）￥23400.00		
销货单位	名称：衡阳市电力公司 纳税人识别号：431414338100389 地址：人民路20号 电话：8245148 开户行及账号：工行市营业部0198784501542				备注		

第二联：发票联 购货方记账凭证

收款人： 复核： 开票人： 销货单位：（章）

162-3

用电统计表

2015年12月25日 单位：元

部门名称	用电量	分配率	分摊电费
铸造车间	5400		
加工车间	8000		
包装车间	2300		
机修车间	2000		
销售部门	800		
管理部门	1500		
合计	20000		

会计 复核 制表

163. 付款通知，水费发票，用水统计

163-1

托收凭证（付款通知） 5

委托日期：2015 年 12 月 25 日　　付款期限 2015 年 12 月 30 日

业务类型	委托收款（□邮划、□电划）　托收承付（□邮划、□电划）						
付款人	全称	湖南朝阳车用柴油机配件有限责任公司		收款人	全称	衡阳市自来水公司	
	账号	062488561745			账号	0198 0971 2073 077	
	地址	湖南省衡阳 市/县	开户行：中国工商银行衡阳市白沙洲支行		地址	湖南省衡阳 市/县	开户行：工行市营业部
金额	人民币（大写）贰万伍仟柒佰叁拾元整					亿千百十万千百十元角分	￥2 5 7 3 0 0 0
款项内容	12 月份水费	托收凭证名称	增值税发票	附寄单证张数	1		
商品发运情况				合同名称号码			
备注： 付款人开户行收到日期 年 月 日 复核 记账	付款人开户银行签章 年 月 日	付款人注意： 1.根据支付结算办法，上列委托收款（托收承付）款项在付款期限内未提出拒付，即视为同意付款，以此代付款通知。 2.如需提出全部或部分拒付，应在规定期限内，将拒付理由书及债务证明退交开户银行。					

（印章：中国工商银行衡阳市分行 白沙洲支行 讫）

此联付款人开户银行给付款人按期付款通知

163-2　4304460018

湖南省增值税专用发票

No 00142587

发 票 联　　开票日期：2015 年 12 月 25 日

购货单位	名　称：湖南朝阳车用柴油机配件有限责任公司 纳税人识别号：07348832662 地　址：衡阳市白沙工业大道 265 号 电　话：07348960168 开户行及账号：中国工商银行衡阳市白沙洲支行 062488561745			密码区	略		
货物或应税劳务名称	规格型号	单位	数量	单价	金　额	税率	税　额
水　费			8000	2.00	16000.00	17%	2720.00
合　计					￥16000.00		￥2720.00
价税合计（大写）	⊗壹万捌仟柒佰贰拾元整				（小写）￥18720.00		
销货单位	名　称：衡阳市自来水公司 纳税人识别号：430446001881242 地　址：黄茶岭 57 号 电　话：2548978 开户行及账号：工行市营业部 0198 0971 2073 077			备注	（印章：衡阳市自来水公司）		

收款人：　　复核：　　开票人：　　销货单位：（章）

第二联：发票联　货方记账凭证

163-3.

用水统计表

2015 年 12 月 25 日　　　　单位：元

部门名称	用水量	分配率	分摊水费
铸造车间	5000		
加工车间	1000		
包装车间	300		
机修车间	500		
销售部门	200		
管理部门	1000		
合　计	8000		

会计　　　　复核　　　　制表

164. 职工福利费提取计算表

职工福利费提取计算表

年　月　日　　　金额单位：元

部门名称	人员类别	月工资	计提比例	计提福利费金额
铸造车间	管理人员			
	生产人员			
加工车间	管理人员			
	生产人员			
包装车间	管理人员			
	生产人员			
机修车间				
销售部门				
管理部门				
合　计				

165. 固定资产折旧提取计算表

固定资产折旧提取计算表

使用部门	固定资产类别	月初应计提折旧固定资产原值	月折旧率	月折旧额
合　计				

166. 固定资产减值准备提取计算表

固定资产减值准备提取计算表

年　　月　　日　　　　　　　　金额单位：元

固定资产名称	账面原价	累计折旧	账面净值	预计可收回金额	应计提减值准备
合　计					

会计主管：　　　　　　复核：　　　　　　制表：

167. 费用分配表

费　用　分　配　表

年　月　日　　　　　　金额单位：元

分配对象	分配标准	分配率	分摊额
合计			

会计　　　　　　复核　　　　　　制表

168. 制造费用分配表

制 造 费 用 分 配 表

年 月 日　　　　金额单位：元

分配对象		分配金额	分配率	分摊额
铸造车间	485			
	490			
加工车间	485			
	490			
包装车间	485			
	490			
合计				

会计　　　　复核　　　　制表

169. 完工产品成本计算表

完 工 产 品 成 本 计 算 表

年 月　　　　金额单位：元

成本项目	产品名称： 产量：		产品名称： 产量：		合 计
	总成本	单位成本	总成本	单位成本	
直接材料					
直接人工					
制造费用					
合 计					

170. 主营业务成本计算表

主 营 业 务 成 本 计 算 表

年 月

产品名称	单位	月初结存		本月入库		本月销售		
		数量	总成本	数量	总成本	数量	加权平均单位成本	总成本
合 计								

会计主管：　　　　复核：　　　　制表：

172. 应交增值税计算表，应交营业税计算表，应交城建税计算表，应交教育费附加计算表

172-1

应交增值税计算表

年　月　日至　年　月　日　　金额单位：元

项目			计税金额	适用税率	税额	备注
销项	应税货物	货物名称				
		小计				
	应税劳务	劳务名称				
		小计				
进项	本期进项税额发生额					
	进项税额转出					
	1.					
	2.					
应纳税额						

会计主管：　　复核：　　制表：

172-2

应交营业税计算表

年　月　日至　年　月　日　　金额单位：元

项目	计税金额	适用税率	税额	备注
合计				

会计主管：　　复核：　　制表：

172-3

应交城建税计算表

年　月　日至　年　月　日　　　　金额单位：元

项　目	计税基数		适用税率	应交城建税	备　注
	增值税	营业税			
	1	2	3	4=（1+2）×3	
合　计					

会计主管：　　　　复核：　　　　制表：

172-4

应交教育费附加计算表

年　月　日至　年　月　日　　　　金额单位：元

项　目	计税基数		适用税率	应交教育费附加	备　注
	增值税	营业税			
	1	2	3	4=（1+2）×3	
合　计					

会计主管：　　　　复核：　　　　制表：

173.坏账准备提取计算表

坏账准备提取计算表

年　月　日　　　　金额单位：元

年末“应收账款”科目余额	坏账准备提取比率	提取前“坏账准备”科目借方余额	提取前“坏账准备”科目贷方余额	应提取的坏账准备金

会计主管：　　　　复核：　　　　制表：

174. 公允价值变动损益计算表

公允价值变动损益计算表

年　月　日　　　　　　金额单位：元

项目	成本	本次确认前该项目公允价值变动子目余额	本次确认前该项目净值	目前公允价值	应确认的公允价值变动损益

会计主管：　　　　复核：　　　　制表：

174. 主要报表

资产负债表

会企 01 表

编制单位：湖南朝阳车用柴油机配件有限责任公司　　2015 年 12 月 31 日　　单位：　元

资　产	行次	期末余额	年初余额	负债和所有者权益（或股东权益）	行次	期末余额	年初余额
流动资产：	1			流动负债：	34		
货币资金	2			短期借款	35		
交易性金融资产	3			交易性金融负债	36		
应收票据	4			应付票据	37		
应收账款	5			应付账款	38		
预付款项	6			预收款项	39		
应收利息	7			应付职工薪酬	40		
应收股息	8			应交税费	41		
其他应收款	9			应付利息	42		
存货	10			应付股利	43		
一年内到 期的非流动资产	11			其他应付款	44		
其他流动资产	12			一年内到期的非流动负债	45		
流动资产合计	13			其他流动负债	46		
非流动资产：	14			流动负债合计	47		
可供出售金融资产	15			非流动负债：	48		
持有至到期投资	16			长期借款	49		
长期应收款	17			应付债券	50		
长期股权投资	18			长期应付款	51		
投资性房地产	19			专项应付款	52		
固定资产	20			预计负债	53		
在建工程	21			递延所得税负债	54		
工程物资	22			其他非流动负债	55		
固定资产清理	23			非流动负债合计	56		
生产性生物资产	24			负债合计	57		
油气资产	25			所有者权益（或股东权益）：	58		
无形资产	26			实收资本(或股本)	59		
开发支出	27			资本公积	60		
商誉	28			减：库存股	61		
长摊待摊费用	29			盈余公积	62		
递延所得税资产	30			未分配利润	63		
其他非流动资产	31			所有者权益（或股东权 益）合计	64		
非流动资产合计	32				65		
资产总计	33			负债和所有者（或股东权 益）合计	66		

利润表

会企 02 表

编制单位: 湖南朝阳车用柴油机配件有限责任公司　　2015 年　　单位:　元

项　目	行次	本年累计金额	上年累计金额
一、营业收入	1		
减: 营业成本	2		
营业税金及附加	3		
销售费用	4		
管理费用	5		
财务费用	6		
资产减值损失			
加: 公允价值变动收益（损失以“－”号填列）	8		
投资收益（损失以“－”号填列）	9		
其中: 对联营企业和合营企业的投资收益	10		
二、营业利润（亏损以“－”号填列）	11		
加: 营业外收入	12		
减: 营业外支出	13		
其中: 非流动资产处置损失	14		
三、利润总额（亏损总额以“－”号填列）	15		
减: 所得税费用	16		
四、净利润（净亏损以“－”号填列）	17		
五、每股收益:	18		
（一）基本每股收益	19		
（二）稀释每股收益	20		

现金流量表

会企 03 表

编制单位:湖南朝阳车用柴油机配件有限责任公司　　　　2015 年　　　　单位:　元

项 目	行次	本期金额		上期金额
一、经营活动产生的现金流量:	1			
销售商品、提供劳务收到的现金	2			
收到的税费返还	3			
收到其他与经营活动有关的资金	4			
经营活动现金流入小计	5			
购买商品、接受劳务支付的现金	6			
支付给职工以及为职工支付的现金	7			
支付的各项税费	8			
支付其他与经营活动有关的现金	9			
经营活动现金流出小计	10			
经营活动产生的现金流量净额	11			
二、投资活动产生的现金流量:	12			
收回投资收到的现金	13			
取得投资收益收到的现金	14			
处置固定资产、无形资产和其他长期资产收回的现金净额	15			
处置子公司及其他营业单位收到的现金净额	16			
收到其他与投资活动有关的现金	17			
投资活动现金流入小计	18			
购建固定资产、无形资产和其他长期资产支付的现金	19			
投资支付的现金	20			
取得子公司及其他营业单位支付的现金净额	21			
支付其他与投资活动有关的现金	22			
投资活动现金流出小计	23			
投资活动产生的现金流量净额	24			
三、筹资活动产生的现金流量:	25			
吸收投资收到的现金	26			
取得借款收到的现金	27			
收到其他与筹资活动有关的现金	28			
筹资活动现金流入小计	29			
偿还债务支付的现金	30			
分配股利、利润或偿付利息支付的现金	31			
支付其他与筹资活动有关的现金	32			
筹资活动现金流出小计	33			
筹资活动产生的现金流量净额	34			
四、汇率变动对现金及现金等价物的影响	35			
五、现金及现金等价物净增加额	36			
加:期初现金及现金等价物余额	37			
六、期末现金及现金等价物余额	38			

补 充 资 料	行 次	本期金额		上期金额
1. 将净利润调节为经营活动现金流量:	39			
净利润	40			
加: 资产减值准备	41			
固定资产折旧、油气资产折耗、生产性生物资产折旧	42			
无形资产摊销	43			
长期待摊费用摊销	44			
处置固定资产、无形资产和其他长期资产的损失(收益以“-”号填列)	45			
固定资产报废损失(收益以“-”号填列)	46			
公允价值变动损失(收益以“-”号填列)	47			
财务费用(收益以“-”号填列)	48			
投资损失(收益以“-”号填列)	49			
递延所得税资产减少(增加以“-”号填列)	50			
递延所得税负债增加(减少以“-”号填列)	51			
存货的减少(增加以“-”号填列)	52			
经营性应收项目的减少(增加以“-”号填列)	53			
经营性应付项目的增加(减少以“-”号填列)	54			
其他	55			
经营活动产生的现金流量净额	56			
2. 不涉及现金收支的重大投资和筹资活动:	57			
债务转为资本	58			
一年内到期的可转换公司债券	59			
融资租入固定资产	60			
3. 现金及现金等价物净变动情况:	61			
现金的期末余额	62			
减: 现金的期初余额	63			
加: 现金等价物的期末余额	64			
减: 现金等价物的期初余额	65			
现金及现金等价物净增加额	66			

大宗原始凭证

现金支票、转账支票、增值税发票、产品出库单

收料单、领料单、银行进账单、产品入库单

一、现金支票

中国工商银行
现金支票存根
IV V285210
科 目：
对方科目：
出票日期 年 月 日

收款人：
金 额：
用 途：

单位主管 会计

中国工商银行现金支票 IV V285210

出票日期（大写） 年 月 日 付款行名称：
收款人： 出票人账号：

本支票付款期限十天

人民币（大写）	千	百	十	万	千	百	十	元	角	分

用途________ 科目（借）
上列款项请从 对方科目（贷）
我账户支付 转账日期 年 月 日
出票人签章 复核 记账

中国工商银行
现金支票存根
IV V285211
科 目：
对方科目：
出票日期 年 月 日

收款人：
金 额：
用 途：

单位主管 会计

中国工商银行现金支票 IV V285211

出票日期（大写） 年 月 日 付款行名称：
收款人： 出票人账号：

本支票付款期限十天

人民币（大写）	千	百	十	万	千	百	十	元	角	分

用途________ 科目（借）
上列款项请从 对方科目（贷）
我账户支付 转账日期 年 月 日
出票人签章 复核 记账

中国工商银行
现金支票存根
IV V285212
科 目：
对方科目：
出票日期 年 月 日

收款人：
金 额：
用 途：

单位主管 会计

中国工商银行现金支票 IV V285212

出票日期（大写） 年 月 日 付款行名称：
收款人： 出票人账号：

本支票付款期限十天

人民币（大写）	千	百	十	万	千	百	十	元	角	分

用途________ 科目（借）
上列款项请从 对方科目（贷）
我账户支付 转账日期 年 月 日
出票人签章 复核 记账

中国工商银行
现金支票存根
IV V285213
科　目：
对方科目：
出票日期　年　月　日

收款人：
金　额：
用　途：

单位主管　会计

中国工商银行现金支票　IV V285213
出票日期（大写）　年　月　日　付款行名称：
收款人：　出票人账号：

本支票付款期限十天

人民币（大写）		千	百	十	万	千	百	十	元	角	分

用途________　科目（借）
上列款项请从　对方科目（贷）
我账户支付　转账日期　年　月　日
出票人签章　复核　记账

中国工商银行
现金支票存根
IV V285214
科　目：
对方科目：
出票日期　年　月　日

收款人：
金　额：
用　途：

单位主管　会计

中国工商银行现金支票　IV V285214
出票日期（大写）　年　月　日　付款行名称：
收款人：　出票人账号：

本支票付款期限十天

人民币（大写）		千	百	十	万	千	百	十	元	角	分

用途________　科目（借）
上列款项请从　对方科目（贷）
我账户支付　转账日期　年　月　日
出票人签章　复核　记账

中国工商银行
现金支票存根
IV V285215
科　目：
对方科目：
出票日期　年　月　日

收款人：
金　额：
用　途：

单位主管　会计

中国工商银行现金支票　IV V285215
出票日期（大写）　年　月　日　付款行名称：
收款人：　出票人账号：

本支票付款期限十天

人民币（大写）		千	百	十	万	千	百	十	元	角	分

用途________　科目（借）
上列款项请从　对方科目（贷）
我账户支付　转账日期　年　月　日
出票人签章　复核　记账

中国工商银行
现金支票存根
IV V285216

科　目：
对方科目：
出票日期　年　月　日

收款人：
金　额：
用　途：

单位主管　会计

中国工商银行现金支票　IV V285216

出票日期（大写）　年　月　日　付款行名称：
收款人：　出票人账号：

本支票付款期限十天

人民币（大写）	千	百	十	万	千	百	十	元	角	分

用途________　科目（借）
上列款项请从　对方科目（贷）
我账户支付　转账日期　年　月　日
出票人签章　复核　记账

中国工商银行
现金支票存根
IV V285217

科　目：
对方科目：
出票日期　年　月　日

收款人：
金　额：
用　途：

单位主管　会计

中国工商银行现金支票　IV V285217

出票日期（大写）　年　月　日　付款行名称：
收款人：　出票人账号：

本支票付款期限十天

人民币（大写）	千	百	十	万	千	百	十	元	角	分

用途________　科目（借）
上列款项请从　对方科目（贷）
我账户支付　转账日期　年　月　日
出票人签章　复核　记账

中国工商银行
现金支票存根
IV V285218

科　目：
对方科目：
出票日期　年　月　日

收款人：
金　额：
用　途：

单位主管　会计

中国工商银行现金支票　IV V285218

出票日期（大写）　年　月　日　付款行名称：
收款人：　出票人账号：

本支票付款期限十天

人民币（大写）	千	百	十	万	千	百	十	元	角	分

用途________　科目（借）
上列款项请从　对方科目（贷）
我账户支付　转账日期　年　月　日
出票人签章　复核　记账

二、转账支票

中国工商银行
转账支票存根
IV V286641
科　　目：
对方科目：
出票日期　　年　月　日

收款人：
金　额：
用　途：

单位主管　　会计

中国工商银行转账支票　　IV V286641
出票日期（大写）　　年　　月　　日　　付款行名称：
收款人：　　出票人账号：

本支票付款期限十天

人民币（大写）	千	百	十	万	千	百	十	元	角	分

用途________　　科目（借）------------------------
上列款项请从　　对方科目（贷）--------------------
我账户支付　　转账日期　　年　　月　　日
出票人签章　　复核　　记账

中国工商银行
转账支票存根
IV V286642
科　　目：
对方科目：
出票日期　　年　月　日

收款人：
金　额：
用　途：

单位主管　　会计

中国工商银行转账支票　　IV V286642
出票日期（大写）　　年　　月　　日　　付款行名称：
收款人：　　出票人账号：

本支票付款期限十天

人民币（大写）	千	百	十	万	千	百	十	元	角	分

用途________　　科目（借）------------------------
上列款项请从　　对方科目（贷）--------------------
我账户支付　　转账日期　　年　　月　　日
出票人签章　　复核　　记账

中国工商银行
转账支票存根
IV V286643
科　　目：
对方科目：
出票日期　　年　月　日

收款人：
金　额：
用　途：

单位主管　　会计

中国工商银行转账支票　　IV V286643
出票日期（大写）　　年　　月　　日　　付款行名称：
收款人：　　出票人账号：

本支票付款期限十天

人民币（大写）	千	百	十	万	千	百	十	元	角	分

用途________　　科目（借）------------------------
上列款项请从　　对方科目（贷）--------------------
我账户支付　　转账日期　　年　　月　　日
出票人签章　　复核　　记账

中国工商银行
转账支票存根
IV V286644
科　目：
对方科目：
出票日期　　年　月　日

收款人：
金　额：
用　途：

单位主管　　会计

中国工商银行转账支票　　IV V286644

出票日期（大写）　　年　　月　　日　　付款行名称：
收款人：　　出票人账号：

本支票付款期限十天

人民币（大写）	千	百	十	万	千	百	十	元	角	分

用途________　　科目（借）------------------------
上列款项请从　　对方科目（贷）------------------
我账户支付　　转账日期　　年　　月　　日
出票人签章　　复核　　记账

中国工商银行
转账支票存根
IV V286645
科　目：
对方科目：
出票日期　　年　月　日

收款人：
金　额：
用　途：

单位主管　　会计

中国工商银行转账支票　　IV V286645

出票日期（大写）　　年　　月　　日　　付款行名称：
收款人：　　出票人账号：

本支票付款期限十天

人民币（大写）	千	百	十	万	千	百	十	元	角	分

用途________　　科目（借）------------------------
上列款项请从　　对方科目（贷）------------------
我账户支付　　转账日期　　年　　月　　日
出票人签章　　复核　　记账

中国工商银行
转账支票存根
IV V286646
科　目：
对方科目：
出票日期　　年　月　日

收款人：
金　额：
用　途：

单位主管　　会计

中国工商银行转账支票　　IV V286646

出票日期（大写）　　年　　月　　日　　付款行名称：
收款人：　　出票人账号：

本支票付款期限十天

人民币（大写）	千	百	十	万	千	百	十	元	角	分

用途________　　科目（借）------------------------
上列款项请从　　对方科目（贷）------------------
我账户支付　　转账日期　　年　　月　　日
出票人签章　　复核　　记账

中国工商银行
转账支票存根
IV V286647
科　　目：
对方科目：
出票日期　　年　月　日

收款人：
金　额：
用　途：

单位主管　　会计

中国工商银行转账支票　　IV V286647

出票日期（大写）　　年　　月　　日　　付款行名称：
收款人：　　出票人账号：

本支票付款期限十天

人民币（大写）	千	百	十	万	千	百	十	元	角	分

用途________
上列款项请从
我账户支付
出票人签章

科目（借）------------------------
对方科目（贷）------------------
转账日期　　年　　月　　日
复核　　　记账

中国工商银行
转账支票存根
IV V286648
科　　目：
对方科目：
出票日期　　年　月　日

收款人：
金　额：
用　途：

单位主管　　会计

中国工商银行转账支票　　IV V286648

出票日期（大写）　　年　　月　　日　　付款行名称：
收款人：　　出票人账号：

本支票付款期限十天

人民币（大写）	千	百	十	万	千	百	十	元	角	分

用途________
上列款项请从
我账户支付
出票人签章

科目（借）------------------------
对方科目（贷）------------------
转账日期　　年　　月　　日
复核　　　记账

中国工商银行
转账支票存根
IV V286649
科　　目：
对方科目：
出票日期　　年　月　日

收款人：
金　额：
用　途：

单位主管　　会计

中国工商银行转账支票　　IV V286649

出票日期（大写）　　年　　月　　日　　付款行名称：
收款人：　　出票人账号：

本支票付款期限十天

人民币（大写）	千	百	十	万	千	百	十	元	角	分

用途________
上列款项请从
我账户支付
出票人签章

科目（借）------------------------
对方科目（贷）------------------
转账日期　　年　　月　　日
复核　　　记账

中国工商银行
转账支票存根
IV V286650
科　　目：
对方科目：
出票日期　　年　月　日

收款人：
金　额：
用　途：

单位主管　　会计

中国工商银行转账支票　　IV V286650

出票日期（大写）　　年　　月　　日　　付款行名称：
收款人：　　出票人账号：

本支票付款期限十天

人民币（大写）	千	百	十	万	千	百	十	元	角	分

用途________　　科目（借）------------------------
上列款项请从　　对方科目（贷）-------------------
我账户支付　　转账日期　　年　　月　　日
出票人签章　　复核　　记账

中国工商银行
转账支票存根
IV V286651
科　　目：
对方科目：
出票日期　　年　月　日

收款人：
金　额：
用　途：

单位主管　　会计

中国工商银行转账支票　　IV V286651

出票日期（大写）　　年　　月　　日　　付款行名称：
收款人：　　出票人账号：

本支票付款期限十天

人民币（大写）	千	百	十	万	千	百	十	元	角	分

用途________　　科目（借）------------------------
上列款项请从　　对方科目（贷）-------------------
我账户支付　　转账日期　　年　　月　　日
出票人签章　　复核　　记账

中国工商银行
转账支票存根
IV V286652
科　　目：
对方科目：
出票日期　　年　月　日

收款人：
金　额：
用　途：

单位主管　　会计

中国工商银行转账支票　　IV V286652

出票日期（大写）　　年　　月　　日　　付款行名称：
收款人：　　出票人账号：

本支票付款期限十天

人民币（大写）	千	百	十	万	千	百	十	元	角	分

用途________　　科目（借）------------------------
上列款项请从　　对方科目（贷）-------------------
我账户支付　　转账日期　　年　　月　　日
出票人签章　　复核　　记账

中国工商银行
转账支票存根
IV V286653
科　　目：
对方科目：
出票日期　　年　月　日

收款人：
金　额：
用　途：

单位主管　　会计

中国工商银行转账支票　　IV V286653

出票日期（大写）　　年　　月　　日　　付款行名称：
收款人：　　出票人账号：

本支票付款期限十天

人民币（大写）	千	百	十	万	千	百	十	元	角	分

用途________
上列款项请从
我账户支付
出票人签章

科目（借）------------------------
对方科目（贷）------------------
转账日期　　年　　月　　日
复核　　　　记账

中国工商银行
转账支票存根
IV V286654
科　　目：
对方科目：
出票日期　　年　月　日

收款人：
金　额：
用　途：

单位主管　　会计

中国工商银行转账支票　　IV V286654

出票日期（大写）　　年　　月　　日　　付款行名称：
收款人：　　出票人账号：

本支票付款期限十天

人民币（大写）	千	百	十	万	千	百	十	元	角	分

用途________
上列款项请从
我账户支付
出票人签章

科目（借）------------------------
对方科目（贷）------------------
转账日期　　年　　月　　日
复核　　　　记账

中国工商银行
转账支票存根
IV V286655
科　　目：
对方科目：
出票日期　　年　月　日

收款人：
金　额：
用　途：

单位主管　　会计

中国工商银行转账支票　　IV V286655

出票日期（大写）　　年　　月　　日　　付款行名称：
收款人：　　出票人账号：

本支票付款期限十天

人民币（大写）	千	百	十	万	千	百	十	元	角	分

用途________
上列款项请从
我账户支付
出票人签章

科目（借）------------------------
对方科目（贷）------------------
转账日期　　年　　月　　日
复核　　　　记账

中国工商银行 转账支票存根 IV V286656 科　　目： 对方科目： 出票日期　　年　月　日 收款人： 金　额： 用　途： 单位主管　　会计	中国工商银行转账支票　　IV V286656 出票日期（大写）　　年　　月　　日　　付款行名称： 收款人：　　出票人账号： 本支票付款期限十天 人民币（大写）　千 百 十 万 千 百 十 元 角 分 用途________　　科目（借）------------------------ 上列款项请从　　对方科目（贷）------------------- 我账户支付　　转账日期　　年　　月　　日 出票人签章　　复核　　记账

中国工商银行 转账支票存根 IV V286657 科　　目： 对方科目： 出票日期　　年　月　日 收款人： 金　额： 用　途： 单位主管　　会计	中国工商银行转账支票　　IV V286657 出票日期（大写）　　年　　月　　日　　付款行名称： 收款人：　　出票人账号： 本支票付款期限十天 人民币（大写）　千 百 十 万 千 百 十 元 角 分 用途________　　科目（借）------------------------ 上列款项请从　　对方科目（贷）------------------- 我账户支付　　转账日期　　年　　月　　日 出票人签章　　复核　　记账

中国工商银行 转账支票存根 IV V286658 科　　目： 对方科目： 出票日期　　年　月　日 收款人： 金　额： 用　途： 单位主管　　会计	中国工商银行转账支票　　IV V286658 出票日期（大写）　　年　　月　　日　　付款行名称： 收款人：　　出票人账号： 本支票付款期限十天 人民币（大写）　千 百 十 万 千 百 十 元 角 分 用途________　　科目（借）------------------------ 上列款项请从　　对方科目（贷）------------------- 我账户支付　　转账日期　　年　　月　　日 出票人签章　　复核　　记账

中国工商银行
转账支票存根
IV V286659
科　　目：
对方科目：
出票日期　年　月　日

收款人：
金　额：
用　途：

单位主管　　会计

中国工商银行转账支票　　IV V286659
出票日期（大写）　年　月　日　　付款行名称：
收款人：　　出票人账号：

本支票付款期限十天

人民币（大写）	千	百	十	万	千	百	十	元	角	分

用途________　　科目（借）------------------------
上列款项请从　　对方科目（贷）-------------------
我账户支付　　转账日期　年　月　日
出票人签章　　复核　　记账

中国工商银行
转账支票存根
IV V286660
科　　目：
对方科目：
出票日期　年　月　日

收款人：
金　额：
用　途：

单位主管　　会计

中国工商银行转账支票　　IV V286660
出票日期（大写）　年　月　日　　付款行名称：
收款人：　　出票人账号：

本支票付款期限十天

人民币（大写）	千	百	十	万	千	百	十	元	角	分

用途________　　科目（借）------------------------
上列款项请从　　对方科目（贷）-------------------
我账户支付　　转账日期　年　月　日
出票人签章　　复核　　记账

中国工商银行
转账支票存根
IV V286661
科　　目：
对方科目：
出票日期　年　月　日

收款人：
金　额：
用　途：

单位主管　　会计

中国工商银行转账支票　　IV V286661
出票日期（大写）　年　月　日　　付款行名称：
收款人：　　出票人账号：

本支票付款期限十天

人民币（大写）	千	百	十	万	千	百	十	元	角	分

用途________　　科目（借）------------------------
上列款项请从　　对方科目（贷）-------------------
我账户支付　　转账日期　年　月　日
出票人签章　　复核　　记账

中国工商银行 转账支票存根 IV V286662 科　　目： 对方科目： 出票日期　　年　月　日 收款人： 金　额： 用　途： 单位主管　　会计	**中国工商银行转账支票**　　IV V286662 出票日期（大写）　　年　　月　　日　　付款行名称： 收款人：　　出票人账号： 本支票付款期限十天 人民币（大写）　　千 百 十 万 千 百 十 元 角 分 用途________　　科目（借）------------------------ 上列款项请从　　对方科目（贷）------------------ 我账户支付　　转账日期　　年　　月　　日 出票人签章　　复核　　　记账

中国工商银行 转账支票存根 IV V286663 科　　目： 对方科目： 出票日期　　年　月　日 收款人： 金　额： 用　途： 单位主管　　会计	**中国工商银行转账支票**　　IV V286663 出票日期（大写）　　年　　月　　日　　付款行名称： 收款人：　　出票人账号： 本支票付款期限十天 人民币（大写）　　千 百 十 万 千 百 十 元 角 分 用途________　　科目（借）------------------------ 上列款项请从　　对方科目（贷）------------------ 我账户支付　　转账日期　　年　　月　　日 出票人签章　　复核　　　记账

中国工商银行 转账支票存根 IV V286664 科　　目： 对方科目： 出票日期　　年　月　日 收款人： 金　额： 用　途： 单位主管　　会计	**中国工商银行转账支票**　　IV V286664 出票日期（大写）　　年　　月　　日　　付款行名称： 收款人：　　出票人账号： 本支票付款期限十天 人民币（大写）　　千 百 十 万 千 百 十 元 角 分 用途________　　科目（借）------------------------ 上列款项请从　　对方科目（贷）------------------ 我账户支付　　转账日期　　年　　月　　日 出票人签章　　复核　　　记账

中国工商银行
转账支票存根
IV V286665
科　　目：
对方科目：
出票日期　　年　月　日

收款人：
金　额：
用　途：

单位主管　　会计

中国工商银行转账支票　　IV V286665
出票日期（大写）　　年　　月　　日　　付款行名称：
收款人：　　出票人账号：

本支票付款期限十天

人民币（大写）	千	百	十	万	千	百	十	元	角	分

用途________
上列款项请从
我账户支付
出票人签章

科目（借）------------------------
对方科目（贷）------------------
转账日期　　年　　月　　日
复核　　　　记账

中国工商银行
转账支票存根
IV V286666
科　　目：
对方科目：
出票日期　　年　月　日

收款人：
金　额：
用　途：

单位主管　　会计

中国工商银行转账支票　　IV V286666
出票日期（大写）　　年　　月　　日　　付款行名称：
收款人：　　出票人账号：

本支票付款期限十天

人民币（大写）	千	百	十	万	千	百	十	元	角	分

用途________
上列款项请从
我账户支付
出票人签章

科目（借）------------------------
对方科目（贷）------------------
转账日期　　年　　月　　日
复核　　　　记账

中国工商银行
转账支票存根
IV V286667
科　　目：
对方科目：
出票日期　　年　月　日

收款人：
金　额：
用　途：

单位主管　　会计

中国工商银行转账支票　　IV V286667
出票日期（大写）　　年　　月　　日　　付款行名称：
收款人：　　出票人账号：

本支票付款期限十天

人民币（大写）	千	百	十	万	千	百	十	元	角	分

用途________
上列款项请从
我账户支付
出票人签章

科目（借）------------------------
对方科目（贷）------------------
转账日期　　年　　月　　日
复核　　　　记账

三、增值税发票

4304041230　　**湖南省增值税专用发票**　　No 0005138

此联不作报销、扣税凭证使用　　开票日期：　　年　月　日

购货单位	名称： 纳税人识别号： 地址： 电话： 开户行及账号：			密码区	略		
货物或应税劳务名称	规格型号	单位	数量	单价	金额	税率	税额
合计							
价税合计（大写）				（小写）			
供货单位	名称： 纳税人识别号： 地址： 电话： 开户行及账号：						

收款人：　　复核：　　开票人：　　销货单位：（章）

第四联：记账联　货方记账凭证

4304041230　　**湖南省增值税专用发票**　　No 0005139

此联不作报销、扣税凭证使用　　开票日期：　　年　月　日

购货单位	名称： 纳税人识别号： 地址： 电话： 开户行及账号：			密码区	略		
货物或应税劳务名称	规格型号	单位	数量	单价	金额	税率	税额
合计							
价税合计（大写）				（小写）			
供货单位	名称： 纳税人识别号： 地址： 电话： 开户行及账号：						

收款人：　　复核：　　开票人：　　销货单位：（章）

第四联：记账联　货方记账凭证

4304041230　　**湖南省增值税专用发票**　　№ 0005140

此联不作报销、扣税凭证使用　　开票日期：　　年　月　日

<table>
<tr><td>购货单位</td><td colspan="5">名　称：
纳税人识别号：
地　址：
电　话：
开户行及账号：</td><td>密码区</td><td colspan="2">略</td></tr>
<tr><td>货物或应税劳务名称</td><td>规格型号</td><td>单　位</td><td>数　量</td><td>单　价</td><td>金　额</td><td>税　率</td><td>税　额</td><td></td></tr>
<tr><td>合　　计</td><td></td><td></td><td></td><td></td><td></td><td></td><td></td><td></td></tr>
<tr><td>价税合计（大写）</td><td colspan="8">（小写）</td></tr>
<tr><td>供货单位</td><td colspan="5">名　称：
纳税人识别号：
地　址：
电　话：
开户行及账号：</td><td></td><td colspan="2"></td></tr>
</table>

收款人：　　复核：　　开票人：　　销货单位：（章）

第四联：记账联　货方记账凭证

4304041230　　**湖南省增值税专用发票**　　№ 0005141

此联不作报销、扣税凭证使用　　开票日期：　　年　月　日

<table>
<tr><td>购货单位</td><td colspan="5">名　称：
纳税人识别号：
地　址：
电　话：
开户行及账号：</td><td>密码区</td><td colspan="2">略</td></tr>
<tr><td>货物或应税劳务名称</td><td>规格型号</td><td>单　位</td><td>数　量</td><td>单　价</td><td>金　额</td><td>税　率</td><td>税　额</td><td></td></tr>
<tr><td>合　　计</td><td></td><td></td><td></td><td></td><td></td><td></td><td></td><td></td></tr>
<tr><td>价税合计（大写）</td><td colspan="8">（小写）</td></tr>
<tr><td>供货单位</td><td colspan="5">名　称：
纳税人识别号：
地　址：
电　话：
开户行及账号：</td><td></td><td colspan="2"></td></tr>
</table>

收款人：　　复核：　　开票人：　　销货单位：（章）

第四联：记账联　货方记账凭证

4304041230　　**湖南省增值税专用发票**　　№ 0005142

此联不作报销、扣税凭证使用　　开票日期：　　年　月　日

购货单位	名　称： 纳税人识别号： 地　址： 电　话： 开户行及账号：	密码区	略

货物或应税劳务名称	规格型号	单　位	数　量	单　价	金　额	税　率	税　额
合　计							
价税合计（大写）	（小写）						

供货单位	名　称： 纳税人识别号： 地　址： 电　话： 开户行及账号：		

收款人：　　复核：　　开票人：　　销货单位：（章）

第四联：记账联　货方记账凭证

4304041230　　**湖南省增值税专用发票**　　№ 0005143

此联不作报销、扣税凭证使用　　开票日期：　　年　月　日

购货单位	名　称： 纳税人识别号： 地　址： 电　话： 开户行及账号：	密码区	略

货物或应税劳务名称	规格型号	单　位	数　量	单　价	金　额	税　率	税　额
合　计							
价税合计（大写）	（小写）						

供货单位	名　称： 纳税人识别号： 地　址： 电　话： 开户行及账号：		

收款人：　　复核：　　开票人：　　销货单位：（章）

第四联：记账联　货方记账凭证

4304041230 **湖南省增值税专用发票** № 0005144

此联不作报销、扣税凭证使用 开票日期： 年 月 日

购货单位	名　称： 纳税人识别号： 地　址： 电　话： 开户行及账号：	密码区	略

货物或应税劳务名称	规格型号	单　位	数　量	单　价	金　额	税　率	税　额
合　　计							
价税合计（大写）	（小写）						

供货单位	名　称： 纳税人识别号： 地　址： 电　话： 开户行及账号：		

收款人：　　复核：　　开票人：　　销货单位：（章）

第四联：记账联　货方记账凭证

4304041230 **湖南省增值税专用发票** № 0005145

此联不作报销、扣税凭证使用 开票日期： 年 月 日

购货单位	名　称： 纳税人识别号： 地　址： 电　话： 开户行及账号：	密码区	略

货物或应税劳务名称	规格型号	单　位	数　量	单　价	金　额	税　率	税　额
合　　计							
价税合计（大写）	（小写）						

供货单位	名　称： 纳税人识别号： 地　址： 电　话： 开户行及账号：		

收款人：　　复核：　　开票人：　　销货单位：（章）

第四联：记账联　货方记账凭证

4304041230 **湖南省增值税专用发票** No 0005146

此联不作报销、扣税凭证使用 开票日期： 年 月 日

<table>
<tr><td rowspan="5">购货单位</td><td>名　称：</td><td rowspan="5">密码区</td><td rowspan="5">略</td><td rowspan="12">第四联：记账联　货方记账凭证</td></tr>
<tr><td>纳税人识别号：</td></tr>
<tr><td>地　址：</td></tr>
<tr><td>电　话：</td></tr>
<tr><td>开户行及账号：</td></tr>
</table>

货物或应税劳务名称	规格型号	单　位	数　量	单　价	金　额	税　率	税　额
合　计							
价税合计（大写）	（小写）						

<table>
<tr><td rowspan="5">供货单位</td><td>名　称：</td><td rowspan="5"></td><td rowspan="5"></td></tr>
<tr><td>纳税人识别号：</td></tr>
<tr><td>地　址：</td></tr>
<tr><td>电　话：</td></tr>
<tr><td>开户行及账号：</td></tr>
</table>

收款人： 复核： 开票人： 销货单位：（章）

4304041230 **湖南省增值税专用发票** No 0005147

此联不作报销、扣税凭证使用 开票日期： 年 月 日

<table>
<tr><td rowspan="5">购货单位</td><td>名　称：</td><td rowspan="5">密码区</td><td rowspan="5">略</td><td rowspan="12">第四联：记账联　货方记账凭证</td></tr>
<tr><td>纳税人识别号：</td></tr>
<tr><td>地　址：</td></tr>
<tr><td>电　话：</td></tr>
<tr><td>开户行及账号：</td></tr>
</table>

货物或应税劳务名称	规格型号	单　位	数　量	单　价	金　额	税　率	税　额
合　计							
价税合计（大写）	（小写）						

<table>
<tr><td rowspan="5">供货单位</td><td>名　称：</td><td rowspan="5"></td><td rowspan="5"></td></tr>
<tr><td>纳税人识别号：</td></tr>
<tr><td>地　址：</td></tr>
<tr><td>电　话：</td></tr>
<tr><td>开户行及账号：</td></tr>
</table>

收款人： 复核： 开票人： 销货单位：（章）

4304041230 **湖南省增值税专用发票** No 0005148

此联不作报销、扣税凭证使用 开票日期： 年 月 日

购货单位	名 称： 纳税人识别号： 地 址： 电 话： 开户行及账号：	密码区	略

货物或应税劳务名称	规格型号	单 位	数 量	单 价	金 额	税 率	税 额
合 计							
价税合计（大写）				（小写）			

供货单位	名 称： 纳税人识别号： 地 址： 电 话： 开户行及账号：		

收款人： 复核： 开票人： 销货单位：（章）

第四联：记账联 货方记账凭证

4304041230 **湖南省增值税专用发票** No 0005149

此联不作报销、扣税凭证使用 开票日期： 年 月 日

购货单位	名 称： 纳税人识别号： 地 址： 电 话： 开户行及账号：	密码区	略

货物或应税劳务名称	规格型号	单 位	数 量	单 价	金 额	税 率	税 额
合 计							
价税合计（大写）				（小写）			

供货单位	名 称： 纳税人识别号： 地 址： 电 话： 开户行及账号：		

收款人： 复核： 开票人： 销货单位：（章）

第四联：记账联 货方记账凭证

4304041230 **湖南省增值税专用发票** No 0005150

此联不作报销、扣税凭证使用 开票日期： 年 月 日

购货单位	名　称： 纳税人识别号： 地　址： 电　话： 开户行及账号：	密码区	略

货物或应税劳务名称	规格型号	单　位	数　量	单　价	金　额	税　率	税　额
合　计							
价税合计（大写）				（小写）			

供货单位	名　称： 纳税人识别号： 地　址： 电　话： 开户行及账号：		

收款人：　　复核：　　开票人：　　销货单位：（章）

第四联：记账联　货方记账凭证

4304041230 **湖南省增值税专用发票** No 0005151

此联不作报销、扣税凭证使用 开票日期： 年 月 日

购货单位	名　称： 纳税人识别号： 地　址： 电　话： 开户行及账号：	密码区	略

货物或应税劳务名称	规格型号	单　位	数　量	单　价	金　额	税　率	税　额
合　计							
价税合计（大写）				（小写）			

供货单位	名　称： 纳税人识别号： 地　址： 电　话： 开户行及账号：		

收款人：　　复核：　　开票人：　　销货单位：（章）

第四联：记账联　货方记账凭证

4304041230 **湖南省增值税专用发票** № 0005152

此联不作报销、扣税凭证使用 开票日期： 年 月 日

购货单位	名 称： 纳税人识别号： 地 址： 电 话： 开户行及账号：	密码区	略

货物或应税劳务名称	规格型号	单 位	数 量	单 价	金 额	税 率	税 额
合 计							
价税合计（大写）					（小写）		

供货单位	名 称： 纳税人识别号： 地 址： 电 话： 开户行及账号：		

收款人： 复核： 开票人： 销货单位：（章）

第四联：记账联 货方记账凭证

4304041230 **湖南省增值税专用发票** № 0005153

此联不作报销、扣税凭证使用 开票日期： 年 月 日

购货单位	名 称： 纳税人识别号： 地 址： 电 话： 开户行及账号：	密码区	略

货物或应税劳务名称	规格型号	单 位	数 量	单 价	金 额	税 率	税 额
合 计							
价税合计（大写）					（小写）		

供货单位	名 称： 纳税人识别号： 地 址： 电 话： 开户行及账号：		

收款人： 复核： 开票人： 销货单位：（章）

第四联：记账联 货方记账凭证

4304041230 **湖南省增值税专用发票** №0005154

此联不作报销、扣税凭证使用 开票日期： 年 月 日

购货单位	名称： 纳税人识别号： 地址： 电话： 开户行及账号：				密码区	略		
货物或应税劳务名称	规格型号	单位	数量	单价	金额	税率	税额	
合计								
价税合计（大写）	（小写）							
供货单位	名称： 纳税人识别号： 地址： 电话： 开户行及账号：							

收款人： 复核： 开票人： 销货单位：（章）

第四联：记账联 货方记账凭证

4304041230 **湖南省增值税专用发票** №0005155

此联不作报销、扣税凭证使用 开票日期： 年 月 日

购货单位	名称： 纳税人识别号： 地址： 电话： 开户行及账号：				密码区	略		
货物或应税劳务名称	规格型号	单位	数量	单价	金额	税率	税额	
合计								
价税合计（大写）	（小写）							
供货单位	名称： 纳税人识别号： 地址： 电话： 开户行及账号：							

收款人： 复核： 开票人： 销货单位：（章）

第四联：记账联 货方记账凭证

4304041230 **湖南省增值税专用发票** № 0005156

此联不作报销、扣税凭证使用 湖南 国家税务局监制 开票日期：　　年　月　日

购货单位	名　称： 纳税人识别号： 地　址： 电　话： 开户行及账号：				密码区	略	
货物或应税劳务名称	规格型号	单　位	数　量	单　价	金　额	税　率	税　额
合　　计							
价税合计（大写）				（小写）			
供货单位	名　称： 纳税人识别号： 地　址： 电　话： 开户行及账号：						

收款人：　　复核：　　开票人：　　销货单位：（章）

第四联：记账联　货方记账凭证

4304041230 **湖南省增值税专用发票** № 0005157

此联不作报销、扣税凭证使用 湖南 国家税务局监制 开票日期：　　年　月　日

购货单位	名　称： 纳税人识别号： 地　址： 电　话： 开户行及账号：				密码区	略	
货物或应税劳务名称	规格型号	单　位	数　量	单　价	金　额	税　率	税　额
合　　计							
价税合计（大写）				（小写）			
供货单位	名　称： 纳税人识别号： 地　址： 电　话： 开户行及账号：						

收款人：　　复核：　　开票人：　　销货单位：（章）

第四联：记账联　货方记账凭证

四、产品出库单

产品出库单

年　月　日　　　　第＿＿号

编号	名称	规格	单位	数量		单价	金额	备注
				要数	实发			
合计								

二记账联

记账　　　发货　　　制单

产品出库单

年　月　日　　　　第＿＿号

编号	名称	规格	单位	数量		单价	金额	备注
				要数	实发			
合计								

二记账联

记账　　　发货　　　制单

产品出库单

年　月　日　　　　第＿＿号

编号	名称	规格	单位	数量		单价	金额	备注
				要数	实发			
合计								

二记账联

记账　　　发货　　　制单

产品出库单

年　月　日　　　　第＿＿＿号

编号	名称	规格	单位	数量		单价	金额	备注
				要数	实发			
合计								

二记账联

记账　　　　发货　　　　制单

产品出库单

年　月　日　　　　第＿＿＿号

编号	名称	规格	单位	数量		单价	金额	备注
				要数	实发			
合计								

二记账联

记账　　　　发货　　　　制单

产品出库单

年　月　日　　　　第＿＿＿号

编号	名称	规格	单位	数量		单价	金额	备注
				要数	实发			
合计								

二记账联

记账　　　　发货　　　　制单

产品出库单

年　月　日　　　　　　第______号

编　号	名　称	规　格	单　位	数　量		单　价	金　额	备　注
				要　数	实　发			
合　计								

二记账联

记账　　　　发货　　　　制单

产品出库单

年　月　日　　　　　　第______号

编　号	名　称	规　格	单　位	数　量		单　价	金　额	备　注
				要　数	实　发			
合　计								

二记账联

记账　　　　发货　　　　制单

产品出库单

年　月　日　　　　　　第______号

编　号	名　称	规　格	单　位	数　量		单　价	金　额	备　注
				要　数	实　发			
合　计								

二记账联

记账　　　　发货　　　　制单

产品出库单

年　月　日　　　　第______号

编号	名称	规格	单位	数量		单价	金额	备注
				要数	实发			
合计								

二记账联

记账　　　　发货　　　　制单

产品出库单

年　月　日　　　　第______号

编号	名称	规格	单位	数量		单价	金额	备注
				要数	实发			
合计								

二记账联

记账　　　　发货　　　　制单

产品出库单

年　月　日　　　　第______号

编号	名称	规格	单位	数量		单价	金额	备注
				要数	实发			
合计								

二记账联

记账　　　　发货　　　　制单

产品出库单

年　月　日　　　　　　　　第＿＿＿号

编号	名称	规格	单位	数量		单价	金额	备注
				要数	实发			
合计								

二记账联

记账　　　　　　发货　　　　　　制单

产品出库单

年　月　日　　　　　　　　第＿＿＿号

编号	名称	规格	单位	数量		单价	金额	备注
				要数	实发			
合计								

二记账联

记账　　　　　　发货　　　　　　制单

产品出库单

年　月　日　　　　　　　　第＿＿＿号

编号	名称	规格	单位	数量		单价	金额	备注
				要数	实发			
合计								

二记账联

记账　　　　　　发货　　　　　　制单

五、收料单

收　料　单

供货单位：　　　　　　　　　　　　　　　　　　凭证编号：

发票编号：　　　　　　　年　月　日　　　　　　收料仓库：

类别	编号	名称	规格	单位	数　量		实际成本				计划成本	
					应收	实收	单价	金额	运费	合计	单位成本	金额

主管：　　　　　　记账：　　　　　　仓库保管：　　　　　　经办人：

收　料　单

供货单位：　　　　　　　　　　　　　　　　　　凭证编号：

发票编号：　　　　　　　年　月　日　　　　　　收料仓库：

类别	编号	名称	规格	单位	数　量		实际成本				计划成本	
					应收	实收	单价	金额	运费	合计	单位成本	金额

主管：　　　　　　记账：　　　　　　仓库保管：　　　　　　经办人：

收 料 单

供货单位：　　　　　　　　　　　　　　　　　　　　凭证编号：
发票编号：　　　　　　　　年　月　日　　　　　　　收料仓库：

类别	编号	名称	规格	单位	数量		实际成本				计划成本	
					应收	实收	单价	金额	运费	合计	单位成本	金额

主管：　　　　　　记账：　　　　　　仓库保管：　　　　　　经办人：

收 料 单

供货单位：　　　　　　　　　　　　　　　　　　　　凭证编号：
发票编号：　　　　　　　　年　月　日　　　　　　　收料仓库：

类别	编号	名称	规格	单位	数量		实际成本				计划成本	
					应收	实收	单价	金额	运费	合计	单位成本	金额

主管：　　　　　　记账：　　　　　　仓库保管：　　　　　　经办人：

收　料　单

供货单位：　　　　　　　　　　　　　　　　　　　　凭证编号：

发票编号：　　　　　　　　年　　月　　日　　　　　收料仓库：

类别	编号	名称	规格	单位	数　量		实际成本				计划成本	
					应收	实收	单价	金额	运费	合计	单位成本	金额

主管：　　　　　　　　记账：　　　　　　　　仓库保管：　　　　　　　　经办人：

收　料　单

供货单位：　　　　　　　　　　　　　　　　　　　　凭证编号：

发票编号：　　　　　　　　年　　月　　日　　　　　收料仓库：

类别	编号	名称	规格	单位	数　量		实际成本				计划成本	
					应收	实收	单价	金额	运费	合计	单位成本	金额

主管：　　　　　　　　记账：　　　　　　　　仓库保管：　　　　　　　　经办人：

收 料 单

供货单位：　　　　　　　　　　　　　　　　　　　凭证编号：
发票编号：　　　　　　　　年　月　日　　　　　　收料仓库：

类别	编号	名称	规格	单位	数量		实际成本				计划成本	
					应收	实收	单价	金额	运费	合计	单位成本	金额

主管：　　　　　　记账：　　　　　　仓库保管：　　　　　　经办人：

收 料 单

供货单位：　　　　　　　　　　　　　　　　　　　凭证编号：
发票编号：　　　　　　　　年　月　日　　　　　　收料仓库：

类别	编号	名称	规格	单位	数量		实际成本				计划成本	
					应收	实收	单价	金额	运费	合计	单位成本	金额

主管：　　　　　　记账：　　　　　　仓库保管：　　　　　　经办人：

收 料 单

供货单位：　　　　　　　　　　　　　　　　　　凭证编号：

发票编号：　　　　　　　　年　月　日　　　　　收料仓库：

类别	编号	名称	规格	单位	数　量		实际成本				计划成本	
					应收	实收	单价	金额	运费	合计	单位成本	金额

主管：　　　　　　记账：　　　　　　仓库保管：　　　　　　经办人：

收 料 单

供货单位：　　　　　　　　　　　　　　　　　　凭证编号：

发票编号：　　　　　　　　年　月　日　　　　　收料仓库：

类别	编号	名称	规格	单位	数　量		实际成本				计划成本	
					应收	实收	单价	金额	运费	合计	单位成本	金额

主管：　　　　　　记账：　　　　　　仓库保管：　　　　　　经办人：

收 料 单

供货单位：　　　　　　　　　　　　　　　　　　　　凭证编号：
发票编号：　　　　　　　年　　月　　日　　　　　收料仓库：

类别	编号	名称	规格	单位	数量		实际成本				计划成本	
					应收	实收	单价	金额	运费	合计	单位成本	金额

主管：　　　　　　　记账：　　　　　　　仓库保管：　　　　　　　经办人：

收 料 单

供货单位：　　　　　　　　　　　　　　　　　　　　凭证编号：
发票编号：　　　　　　　年　　月　　日　　　　　收料仓库：

类别	编号	名称	规格	单位	数量		实际成本				计划成本	
					应收	实收	单价	金额	运费	合计	单位成本	金额

主管：　　　　　　　记账：　　　　　　　仓库保管：　　　　　　　经办人：

收 料 单

供货单位：　　　　　　　　　　　　　　　　　　　　凭证编号：

发票编号：　　　　　　　　　年　月　日　　　　　　收料仓库：

类别	编号	名称	规格	单位	数量		实际成本				计划成本	
					应收	实收	单价	金额	运费	合计	单位成本	金额

主管：　　　　　　　　记账：　　　　　　　　仓库保管：　　　　　　　　经办人：

收 料 单

供货单位：　　　　　　　　　　　　　　　　　　　　凭证编号：

发票编号：　　　　　　　　　年　月　日　　　　　　收料仓库：

类别	编号	名称	规格	单位	数量		实际成本				计划成本	
					应收	实收	单价	金额	运费	合计	单位成本	金额

主管：　　　　　　　　记账：　　　　　　　　仓库保管：　　　　　　　　经办人：

收 料 单

供货单位：　　　　　　　　　　　　　　　　凭证编号：
发票编号：　　　　　　年　月　日　　　　　收料仓库：

类别	编号	名称	规格	单位	数量		实际成本				计划成本	
					应收	实收	单价	金额	运费	合计	单位成本	金额

主管：　　　　　　记账：　　　　　　仓库保管：　　　　　　经办人：

收 料 单

供货单位：　　　　　　　　　　　　　　　　凭证编号：
发票编号：　　　　　　年　月　日　　　　　收料仓库：

类别	编号	名称	规格	单位	数量		实际成本				计划成本	
					应收	实收	单价	金额	运费	合计	单位成本	金额

主管：　　　　　　记账：　　　　　　仓库保管：　　　　　　经办人：

收 料 单

供货单位：　　　　　　　　　　　　　　　　凭证编号：
发票编号：　　　　　　　年　月　日　　　　收料仓库：

类别	编号	名称	规格	单位	数 量		实际成本				计划成本	
					应收	实收	单价	金额	运费	合计	单位成本	金额

主管：　　　　记账：　　　　仓库保管：　　　　经办人：

收 料 单

供货单位：　　　　　　　　　　　　　　　　凭证编号：
发票编号：　　　　　　　年　月　日　　　　收料仓库：

类别	编号	名称	规格	单位	数 量		实际成本				计划成本	
					应收	实收	单价	金额	运费	合计	单位成本	金额

主管：　　　　记账：　　　　仓库保管：　　　　经办人：

六、领料单

领　料　单

领料单位：　　　　　　年　月　日　　　　　　____发料第____号

类别	编号	名称	规格	单位	数量		单价	金额
					请领	实发		
用途					领料部门		发料部门	
					负责人	领料人	核准人	发料人

领　料　单

领料单位：　　　　　　年　月　日　　　　　　____发料第____号

类别	编号	名称	规格	单位	数量		单价	金额
					请领	实发		
用途					领料部门		发料部门	
					负责人	领料人	核准人	发料人

领　料　单

领料单位：　　　　　　　　　　年　月　日　　　　　　　　　____发料第____号

类　别	编　号	名　称	规　格	单　位	数　量		单　价	金　额
					请　领	实　发		
用　途					领料部门		发料部门	
					负责人	领料人	核准人	发料人

领　料　单

领料单位：　　　　　　　　　　年　月　日　　　　　　　　　____发料第____号

类　别	编　号	名　称	规　格	单　位	数　量		单　价	金　额
					请　领	实　发		
用　途					领料部门		发料部门	
					负责人	领料人	核准人	发料人

领　料　单

领料单位：　　　　　　　　　　年　　月　　日　　　　　　　　　　发料第　　　号

类别	编号	名称	规格	单位	数量		单价	金额
					请领	实发		
用途					领料部门		发料部门	
					负责人	领料人	核准人	发料人

领　料　单

领料单位：　　　　　　　　　　年　　月　　日　　　　　　　　　　发料第　　　号

类别	编号	名称	规格	单位	数量		单价	金额
					请领	实发		
用途					领料部门		发料部门	
					负责人	领料人	核准人	发料人

领　料　单

领料单位：　　　　　　　　　　　　年　　月　　日　　　　　　　＿＿发料第＿＿＿号

类别	编号	名称	规格	单位	数量		单价	金额
					请领	实发		
用途					领料部门		发料部门	
					负责人	领料人	核准人	发料人

领　料　单

领料单位：　　　　　　　　　　　　年　　月　　日　　　　　　　＿＿发料第＿＿＿号

类别	编号	名称	规格	单位	数量		单价	金额
					请领	实发		
用途					领料部门		发料部门	
					负责人	领料人	核准人	发料人

领　料　单

领料单位：　　　　　　　　　　年　月　日　　　　　　　　发料第＿＿号

类别	编号	名称	规格	单位	数量		单价	金额
					请领	实发		
用途					领料部门		发料部门	
					负责人	领料人	核准人	发料人

领　料　单

领料单位：　　　　　　　　　　年　月　日　　　　　　　　发料第＿＿号

类别	编号	名称	规格	单位	数量		单价	金额
					请领	实发		
用途					领料部门		发料部门	
					负责人	领料人	核准人	发料人

领　料　单

领料单位：　　　　　　　　　　　　　年　月　日　　　　　　　　　　发料第　　　号

类别	编号	名称	规格	单位	数量		单价	金额
					请领	实发		
用途					领料部门		发料部门	
					负责人	领料人	核准人	发料人

领　料　单

领料单位：　　　　　　　　　　　　　年　月　日　　　　　　　　　　发料第　　　号

类别	编号	名称	规格	单位	数量		单价	金额
					请领	实发		
用途					领料部门		发料部门	
					负责人	领料人	核准人	发料人

领　料　单

领料单位：　　　　　　　年　月　日　　　　　　____发料第______号

类别	编号	名称	规格	单位	数量		单价	金额
					请领	实发		
用途					领料部门		发料部门	
					负责人	领料人	核准人	发料人

领　料　单

领料单位：　　　　　　　年　月　日　　　　　　____发料第______号

类别	编号	名称	规格	单位	数量		单价	金额
					请领	实发		
用途					领料部门		发料部门	
					负责人	领料人	核准人	发料人

领　料　单

领料单位：　　　　　　　　　年　　月　　日　　　　　　　　______发料第______号

类别	编号	名称	规格	单位	数量		单价	金额
					请领	实发		
用途					领料部门		发料部门	
					负责人	领料人	核准人	发料人

领　料　单

领料单位：　　　　　　　　　年　　月　　日　　　　　　　　______发料第______号

类别	编号	名称	规格	单位	数量		单价	金额
					请领	实发		
用途					领料部门		发料部门	
					负责人	领料人	核准人	发料人

领　料　单

领料单位：　　　　　　　　　年　月　日　　　　＿＿发料第＿＿号

类别	编号	名称	规格	单位	数量		单价	金额
					请领	实发		
用途					领料部门		发料部门	
					负责人	领料人	核准人	发料人

领　料　单

领料单位：　　　　　　　　　年　月　日　　　　＿＿发料第＿＿号

类别	编号	名称	规格	单位	数量		单价	金额
					请领	实发		
用途					领料部门		发料部门	
					负责人	领料人	核准人	发料人

领　料　单

领料单位：　　　　　　　　　　　年　　月　　日　　　　　　＿＿发料第＿＿＿号

类　别	编　号	名　称	规　格	单　位	数　量		单　价	金　额
					请　领	实　发		
用　途					领料部门		发料部门	
					负责人	领料人	核准人	发料人

领　料　单

领料单位：　　　　　　　　　　　年　　月　　日　　　　　　＿＿发料第＿＿＿号

类　别	编　号	名　称	规　格	单　位	数　量		单　价	金　额
					请　领	实　发		
用　途					领料部门		发料部门	
					负责人	领料人	核准人	发料人

领　料　单

领料单位：　　　　　　　　　　　年　月　日　　　　　　　　　　____发料第______号

类别	编号	名称	规格	单位	数量		单价	金额
					请领	实发		
用途					领料部门		发料部门	
					负责人	领料人	核准人	发料人

领　料　单

领料单位：　　　　　　　　　　　年　月　日　　　　　　　　　　____发料第______号

类别	编号	名称	规格	单位	数量		单价	金额
					请领	实发		
用途					领料部门		发料部门	
					负责人	领料人	核准人	发料人

领　料　单

领料单位：　　　　　　　　　　年　　月　　日　　　　　　　　　　______发料第______号

类　别	编　号	名　称	规　格	单　位	数　量		单　价	金　额
					请　领	实　发		
用　途					领料部门		发料部门	
					负责人	领料人	核准人	发料人

领　料　单

领料单位：　　　　　　　　　　年　　月　　日　　　　　　　　　　______发料第______号

类　别	编　号	名　称	规　格	单　位	数　量		单　价	金　额
					请　领	实　发		
用　途					领料部门		发料部门	
					负责人	领料人	核准人	发料人

领　料　单

领料单位：　　　　　　　　年　月　日　　　　　　　　____发料第____号

类别	编号	名称	规格	单位	数量		单价	金额
					请领	实发		
用途					领料部门		发料部门	
					负责人	领料人	核准人	发料人

领　料　单

领料单位：　　　　　　　　年　月　日　　　　　　　　____发料第____号

类别	编号	名称	规格	单位	数量		单价	金额
					请领	实发		
用途					领料部门		发料部门	
					负责人	领料人	核准人	发料人

领 料 单

领料单位：　　　　　　　　　　年　月　日　　　　　　____发料第____号

类 别	编 号	名 称	规 格	单 位	数 量		单 价	金 额
					请 领	实 发		
用 途					领料部门		发料部门	
					负责人	领料人	核准人	发料人

领 料 单

领料单位：　　　　　　　　　　年　月　日　　　　　　____发料第____号

类 别	编 号	名 称	规 格	单 位	数 量		单 价	金 额
					请 领	实 发		
用 途					领料部门		发料部门	
					负责人	领料人	核准人	发料人

领　料　单

领料单位：　　　　　　　　　年　月　日　　　　　＿＿发料第＿＿号

类别	编号	名称	规格	单位	数量		单价	金额
					请领	实发		
用途					领料部门		发料部门	
					负责人	领料人	核准人	发料人

领　料　单

领料单位：　　　　　　　　　年　月　日　　　　　＿＿发料第＿＿号

类别	编号	名称	规格	单位	数量		单价	金额
					请领	实发		
用途					领料部门		发料部门	
					负责人	领料人	核准人	发料人

七、银行进账单

中国工商银行进账单（回单或收账通知）

进账日期：　　年　　月　　日　　　　　　第　　号

收款人	全　称		付款人	全　称	
	账　号			账　号	
	开户银行			开户银行	
人民币（大写）：					千 百 十 万 千 百 十 元 角 分
票据种类					
票据张数					
主管　　会计　　复核　　记账			收款人开户银行盖章		

此
收联款
是人收
的款回
人单开
或户收
行账交
通给知

中国工商银行进账单（回单或收账通知）

进账日期：　　年　　月　　日　　　　　　第　　号

收款人	全　称		付款人	全　称	
	账　号			账　号	
	开户银行			开户银行	
人民币（大写）：					千 百 十 万 千 百 十 元 角 分
票据种类					
票据张数					
主管　　会计　　复核　　记账			收款人开户银行盖章		

此
收联款
是人收
的款回
人单开
或户收
行账交
通给知

中国工商银行进账单（回单或收账通知）

进账日期：　　年　　月　　日　　　　　　第　　号

收款人	全　称		付款人	全　称	
	账　号			账　号	
	开户银行			开户银行	
人民币（大写）：					千 百 十 万 千 百 十 元 角 分
票据种类					
票据张数					
主管　会计　复核　记账			收款人开户银行盖章		

此联是收款人开户银行交给收款人的回单或收账通知

中国工商银行进账单（回单或收账通知）

进账日期：　　年　　月　　日　　　　　　第　　号

收款人	全　称		付款人	全　称	
	账　号			账　号	
	开户银行			开户银行	
人民币（大写）：					千 百 十 万 千 百 十 元 角 分
票据种类					
票据张数					
主管　会计　复核　记账			收款人开户银行盖章		

此联是收款人开户银行交给收款人的回单或收账通知

中国工商银行进账单（回单或收账通知）

进账日期：　　年　月　日　　　　第　号

收款人	全　称		付款人	全　称	
	账　号			账　号	
	开户银行			开户银行	
人民币（大写）：					千百十万千百十元角分
票据种类					
票据张数					
主管　会计　复核　记账			收款人开户银行盖章		

此
收联款
是人收
的款回
人单开
或户收
行账交
通给知

中国工商银行进账单（回单或收账通知）

进账日期：　　年　月　日　　　　第　号

收款人	全　称		付款人	全　称	
	账　号			账　号	
	开户银行			开户银行	
人民币（大写）：					千百十万千百十元角分
票据种类					
票据张数					
主管　会计　复核　记账			收款人开户银行盖章		

此
收联款
是人收
的款回
人单开
或户收
行账交
通给知

中国工商银行进账单（回单或收账通知）

进账日期：　　年　　月　　日　　　　　　第　　号

收款人	全　称		付款人	全　称	
	账　号			账　号	
	开户银行			开户银行	
人民币（大写）：				千百十万千百十元角分	
票据种类					
票据张数					
主管　会计　复核　记账			收款人开户银行盖章		

此联是收款人开户行交给收款人的回单或收账通知

中国工商银行进账单（回单或收账通知）

进账日期：　　年　　月　　日　　　　　　第　　号

收款人	全　称		付款人	全　称	
	账　号			账　号	
	开户银行			开户银行	
人民币（大写）：				千百十万千百十元角分	
票据种类					
票据张数					
主管　会计　复核　记账			收款人开户银行盖章		

此联是收款人开户行交给收款人的回单或收账通知

中国工商银行进账单（回单或收账通知）

进账日期：　　年　　月　　日　　　　　　第　　号

收款人	全　称		付款人	全　称											
	账　号			账　号											
	开户银行			开户银行											
人民币（大写）：					千	百	十	万	千	百	十	元	角	分	
票据种类															
票据张数															
主管　会计　复核　记账			收款人开户银行盖章												

此联是收款人开户行交给收款人的回单或收账通知

中国工商银行进账单（回单或收账通知）

进账日期：　　年　　月　　日　　　　　　第　　号

收款人	全　称		付款人	全　称											
	账　号			账　号											
	开户银行			开户银行											
人民币（大写）：					千	百	十	万	千	百	十	元	角	分	
票据种类															
票据张数															
主管　会计　复核　记账			收款人开户银行盖章												

此联是收款人开户行交给收款人的回单或收账通知

中国工商银行进账单

中国工商银行进账单

中国工商银行进账单（回单或收账通知）

进账日期：　　年　　月　　日　　　　　第　　号

<table>
<tr><td rowspan="3">收款人</td><td>全　称</td><td></td><td rowspan="3">付款人</td><td>全　称</td><td colspan="10"></td></tr>
<tr><td>账　号</td><td></td><td>账　号</td><td colspan="10"></td></tr>
<tr><td>开户银行</td><td></td><td>开户银行</td><td colspan="10"></td></tr>
<tr><td colspan="5" rowspan="2">人民币（大写）：</td><td>千</td><td>百</td><td>十</td><td>万</td><td>千</td><td>百</td><td>十</td><td>元</td><td>角</td><td>分</td></tr>
<tr><td></td><td></td><td></td><td></td><td></td><td></td><td></td><td></td><td></td><td></td></tr>
<tr><td colspan="2">票据种类</td><td></td><td colspan="12" rowspan="3">收款人开户银行盖章</td></tr>
<tr><td colspan="2">票据张数</td><td></td></tr>
<tr><td colspan="3">主管　　会计　　复核　　记账</td></tr>
</table>

此联是收款人开户行交给收款人的回单或收账通知

中国工商银行进账单（回单或收账通知）

进账日期：　　年　　月　　日　　　　　第　　号

<table>
<tr><td rowspan="3">收款人</td><td>全　称</td><td></td><td rowspan="3">付款人</td><td>全　称</td><td colspan="10"></td></tr>
<tr><td>账　号</td><td></td><td>账　号</td><td colspan="10"></td></tr>
<tr><td>开户银行</td><td></td><td>开户银行</td><td colspan="10"></td></tr>
<tr><td colspan="5" rowspan="2">人民币（大写）：</td><td>千</td><td>百</td><td>十</td><td>万</td><td>千</td><td>百</td><td>十</td><td>元</td><td>角</td><td>分</td></tr>
<tr><td></td><td></td><td></td><td></td><td></td><td></td><td></td><td></td><td></td><td></td></tr>
<tr><td colspan="2">票据种类</td><td></td><td colspan="12" rowspan="3">收款人开户银行盖章</td></tr>
<tr><td colspan="2">票据张数</td><td></td></tr>
<tr><td colspan="3">主管　　会计　　复核　　记账</td></tr>
</table>

此联是收款人开户行交给收款人的回单或收账通知

中国工商银行进账单（回单或收账通知）

进账日期：　　年　　月　　日　　　　　　第　　号

收款人	全　称		付款人	全　称	
	账　号			账　号	
	开户银行			开户银行	
人民币（大写）：				千百十万千百十元角分	
票据种类			收款人开户银行盖章		
票据张数					
主管　　会计　　复核　　记账					

此联是收款人开户银行交给收款人的回单或收账通知

中国工商银行进账单（回单或收账通知）

进账日期：　　年　　月　　日　　　　　　第　　号

收款人	全　称		付款人	全　称	
	账　号			账　号	
	开户银行			开户银行	
人民币（大写）：				千百十万千百十元角分	
票据种类			收款人开户银行盖章		
票据张数					
主管　　会计　　复核　　记账					

此联是收款人开户银行交给收款人的回单或收账通知

中国工商银行进账单（回单或收账通知）

中国工商银行进账单（回单或收账通知）

中国工商银行进账单（回单或收账通知）

进账日期：　年　月　日　　　第　号

收款人	全　称		付款人	全　称	
	账　号			账　号	
	开户银行			开户银行	
人民币（大写）：				千 百 十 万 千 百 十 元 角 分	
票据种类			收款人开户银行盖章		
票据张数					
主管　会计　复核　记账					

此联是收款人开户行交给收款人的回单或收账通知

八、产品入库单

产品入库单

年　月　日　　　第＿＿号

编　号	名　称	规　格	单　位	数　量		单　价	金　额	备　注
				交　库	实　发			
合　计								

二记账联

记账　　验收　　制单

产品入库单

年 月 日 第______号

编号	名称	规格	单位	数量		单价	金额	备注
				交库	实发			
合计								

二记账联

记账 验收 制单

产品入库单

年 月 日 第______号

编号	名称	规格	单位	数量		单价	金额	备注
				交库	实发			
合计								

二记账联

记账 验收 制单

产品入库单

年 月 日 第______号

编号	名称	规格	单位	数量		单价	金额	备注
				交库	实发			
合计								

二记账联

记账 验收 制单

产品入库单

年　月　日　　　　　　第______号

编号	名称	规格	单位	数量		单价	金额	备注
				交库	实发			
合计								

二 记账联

记账　　　　验收　　　　制单

产品入库单

年　月　日　　　　　　第______号

编号	名称	规格	单位	数量		单价	金额	备注
				交库	实发			
合计								

二 记账联

记账　　　　验收　　　　制单

产品入库单

年　月　日　　　　　　第______号

编号	名称	规格	单位	数量		单价	金额	备注
				交库	实发			
合计								

二 记账联

记账　　　　验收　　　　制单

产品入库单

年　月　日　　　　　第______号

编 号	名 称	规 格	单 位	数 量		单 价	金 额	备 注
				交 库	实 发			
合 计								

二记账联

记账　　　　验收　　　　制单

产品入库单

年　月　日　　　　　第______号

编 号	名 称	规 格	单 位	数 量		单 价	金 额	备 注
				交 库	实 发			
合 计								

二记账联

记账　　　　验收　　　　制单

产品入库单

年　月　日　　　　　第______号

编 号	名 称	规 格	单 位	数 量		单 价	金 额	备 注
				交 库	实 发			
合 计								

二记账联

记账　　　　验收　　　　制单

产品入库单

年　月　日　　　　第______号

编号	名称	规格	单位	数量		单价	金额	备注
				交库	实发			
合计								

二记账联

记账　　验收　　制单

产品入库单

年　月　日　　　　第______号

编号	名称	规格	单位	数量		单价	金额	备注
				交库	实发			
合计								

二记账联

记账　　验收　　制单